A escolha óbvia

A escolha óbvia

15 lições essenciais para alavancar resultados sem estratégias mirabolantes

Jonathan Goodman

Tradução
Carlos Szlak

THE OBVIOUS CHOICE © 2025 JONATHAN GOODMAN
PUBLISHED BY ARRANGEMENT WITH HARPERCOLLINS FOCUS, LLC.
ORIGINAL PACKAGE DESIGN © 2024 HARPERCOLLINS LEADERSHIP
COPYRIGHT © FARO EDITORIAL, 2025

Todos os direitos reservados.
Nenhuma parte deste livro pode ser reproduzida sob quaisquer meios existentes sem autorização por escrito do editor.

Diretor editorial **PEDRO ALMEIDA**
Coordenação editorial **RENATA ALVES**
Editora-assistente **LETÍCIA CANEVER**
Tradução **CARLOS SZLAK**
Preparação **ANDRESA VIDAL**
Revisão **TUCA FARIA E BÁRBARA PARENTE**
Design e imagens de capa **MICAH KANDROS DESIGN | SHUTTERSTOCK**
Adaptação de capa e diagramação **DEBORAH TAKAISHI**

Dados Internacionais de Catalogação na Publicação (CIP)
Jéssica de Oliveira Molinari CRB-8/9852

Goodman, Jonathan
　　A escolha óbvia : 15 lições essenciais para alavancar resultados sem estratégias mirabolantes / Jonathan Goodman ; tradução de Carlos Szlak. -- São Paulo : Faro Editorial, 2025.
　　272 p.

Bibliografia
ISBN 978-65-5957-835-1
Título original: The obvious choice: Timeless lessons on success, profit and finding your way

1. Desenvolvimento profissional 2. Sucesso 3. Negócios I. Título II. Szlak, Carlos

25-1843	CDD 650.1

Índices para catálogo sistemático:
1. Desenvolvimento profissional

1ª edição brasileira: 2025
Direitos de edição em língua portuguesa, para o Brasil, adquiridos por FARO EDITORIAL

Avenida Andrômeda, 885 — Sala 310
Alphaville — Barueri — SP — Brasil
CEP: 06473-000
www.faroeditorial.com.br

Para Alison

Minha garota. Você é inteligente, linda, carinhosa e gentil. Sempre pensa primeiro nos outros e encara a vida com energia, alegria e equilíbrio.

Eu amo quando você dá aquele sorriso que é um sorriso de verdade. Amo a sua espontaneidade e, claro, amo as suas pernas que gritam: "Eu faço agachamento".

Obrigado por fazer o trabalho pesado para que eu possa me divertir com os negócios e me aventurar com as palavras.

Que nunca paremos de explorar o mundo juntos. Eu te amo.

SUMÁRIO

Introdução   O negócio era ótimo, antes   9

Primeira parte – Algumas verdades não tão óbvias

Capítulo 1   Quando a ambição resulta em imprudência   19
Capítulo 2   A confiança em você é maior que suas credenciais   28
Capítulo 3   O sucesso não deveria ser uma surpresa   49
Capítulo 4   Resolva primeiro o que está a seu alcance   61
Capítulo 5   A tecnologia muda; os seres humanos, não   75
Capítulo 6   Descubra qual jogo você está jogando online   88
Capítulo 7   Permaneça ignorante, mas otimista   102
Capítulo 8   Ficar bom o suficiente   117

Segunda parte – Como se tornar a Escolha Óbvia

Capítulo 9   Deixe sua identidade geek brilhar   135
Capítulo 10   Descubra a resposta fácil   152
Capítulo 11   Fique famoso na família   173
Capítulo 12   #MacacoEmPrimeiroLugar   190
Capítulo 13   Encontre o seu "Para que"   200
Capítulo 14   As redes sociais não são suficientes   214
Capítulo 15   Baleias e sardinhas   231

Epílogo – Como estruturo meu próprio negócio óbvio   247
Agradecimentos   257
Notas   261
Fontes e referências sugeridas   270

INTRODUÇÃO

O negócio era ótimo, antes

Em um momento, eu estava no auge, sendo admirado pelo que havia construído. No seguinte, chorava à mesa da cozinha, informando meu gerente-geral sobre o acordo de rescisão do contrato de trabalho por videochamada.

A história começa quando criei o primeiro curso de fitness pela internet. Dominamos o mercado de 2013 a 2020. Os dias com vendas acima de 100 mil dólares eram normais.

Então, em março de 2020, a pandemia de covid-19 paralisou o mundo. Enquanto muitos sofriam, meu negócio bombava. Da noite para o dia, e por razões fora do controle deles, todo personal trainer precisou migrar para o online.

—

É muito, muito estranho escrever isso, mas o surgimento da pandemia foi um verdadeiro golpe de sorte para meu negócio.

Paramos de fazer tudo o que nos tornava bem-sucedidos e contratamos consultores de marca caríssimos que nos orientaram sobre como nos expressar e especialistas em análise de dados para nos ensinar a converter isso. Afogando-me em relatórios, planilhas e briefings de projetos, eu me perdi.

Quando você se perde, esquece por que está fazendo o que faz. Você aparece, faz o trabalho, mas chega em casa no fim do dia sem sentir que realmente realizou algo.

As despesas dispararam e as vendas estagnaram. O trabalho perdeu a graça. Estávamos dando um duro danado e gastando rios de dinheiro, mas nada disso estava fazendo a menor diferença.

Mas isso não tinha importância, porque, no dia 23 de julho de 2021, cheguei em casa e encontrei meu filho brincando sozinho.

— Mamãe está triste — ele disse.

Subi para o quarto. Alison estava chorando.

— Estou com câncer — ela disse.

Caímos nos braços um do outro e nos abraçamos com força.

Meu negócio precisava de mim. Minha família precisava de mim. Eu não sabia o que fazer. Tudo o que eu sabia era que eu precisava de espaço. Então, em setembro de 2021, eu demiti todo mundo.

— ——

O câncer é injusto. Não desejo essa doença para ninguém. Contudo, ela tem o hábito de expor as bobagens que as pessoas fazem. O diagnóstico de Alison impôs um recomeço. Após sabermos que ela se recuperaria, era hora de reconstruir nosso negócio.

Nesta altura, além de gerar dezenas de milhões de dólares com meu próprio negócio, tínhamos ajudado diretamente mais de 65 mil pessoas a elaborar e expandir seus projetos por meio de nossos programas e treinamentos. Essa experiência me serviu para desenvolver e refinar, em termos muito práticos e específicos, o que leva uma pessoa a alcançar o sucesso. Ao aplicar essas lições a mim mesmo, comecei a perceber que meu negócio não precisava ser tão complicado.

Enquanto todo mundo parecia distraído por ilusões, eu havia aprendido que o segredo para evitar isso era construir algo com base no que funcionava antes da existência da internet: uma espécie de regressão, de volta a uma época mais simples. Fazer menos, mas melhor. Considerar a tecnologia do marketing moderno como um amplificador, e não como um elemento de ignição. Como combustível, e não como fogo.

Aqui estão alguns insights que agora tenho liberdade para pôr em prática:

- Criar conteúdo é uma maneira superestimada para construir um negócio a curto prazo, mas subestimada para aprender e se conectar.
- O que você faz para obter resultados não importa para os outros. O que importa para os outros é o que eles se tornarão como resultado do que você faz.
- Grandes audiências são ineficazes para aprofundar relacionamentos. A confiança requer contato. É mais fácil, rápido e lucrativo ser famoso na família do que ser famoso na internet.
- Um produto ou serviço deve ser gratuito ou caro. Combine os dois para um crescimento acelerado. Evite o meio-termo.
- Buscar incessantemente a "melhor" maneira de fazer alguma coisa é o caminho certo para o fracasso. Ser sempre bom o suficiente é a maneira para se chegar à excelência.
- Não costumamos ter um problema com a autenticidade. Temos um problema em confiar que nosso eu autêntico é suficiente.
- Nossa bolha nas redes sociais representa talvez 0,01% do que acontece no mundo que nos afeta e provavelmente em torno de 0,0000001% do que acontece no mundo como um todo.
- Em nosso mundo, achamos que sabemos o que importa. No entanto, os outros não vivem em nosso mundo, eles vivem no deles.

A verdade a respeito desses insights (e outros que você vai ler) é evidente, podendo ser confirmada por sua própria experiência, e também pelo bom senso. Ao ler este livro, você poderá se perguntar como alguém consegue ser bem-sucedido nos negócios sem eles.

A reconstrução levou algum tempo, mas os resultados foram notáveis. A receita aumentou 300% com uma lucratividade de milhões de dólares e um quinto dos funcionários.

Quando comecei a compartilhar esses insights, além de estratégias de implementação e estudos de casos com clientes sob mentoria e com ouvintes de meu podcast – também intitulado *A Escolha Óbvia* [*The Obvious Choice*] –, a vida e os negócios deles também enriqueceram.

Considere o caso de Benjamin como exemplo. Ele tinha acabado de ficar noivo e decidiu que era hora de alavancar seu trabalho paralelo para ganhar um dinheiro extra e comprar uma casa. Antes de nos conhecermos, ele havia acabado de criar uma página nas redes sociais e postava conteúdo fazia um mês.

A expectativa de Benjamin era de que isso, de alguma forma, resultasse magicamente em visibilidade, o que, por sua vez, resultaria magicamente em clientes. "Uma parte de mim sabia que aquilo que eu estava fazendo nas redes sociais não fazia sentido, mas eu não conhecia outra maneira", ele disse.

Chamo isso de Problema dos Gnomos das Cuecas, inspirado por um episódio famoso de *South Park*. Os gnomos roubam cuecas e esperam obter lucro, mas esquecem o passo intermediário de como uma coisa leva a outra. Você vai ter mais detalhes a respeito disso no Capítulo 6, "Descubra qual jogo você está jogando online".

Em vez de tentar impressionar pessoas que nem conhecia, Benjamin seguiu as cinco etapas do Sistema de Marketing Otimizado para Humanos, apresentado no Capítulo 11, "Fique famoso na família". Naquele dia, ele fez sua primeira venda.

A verdade nua e crua é que as redes sociais são uma maneira gloriosamente ineficiente de construir um negócio. Considere-as como uma conta de poupança, um investimento de longo prazo na carreira. Faça depósitos quando tiver tempo e dinheiro extras. Mais detalhes sobre isso, e um modelo de criação de conteúdo em quatro etapas, no Capítulo 14, "As redes sociais não são suficientes".

—

Em vez de buscar o maior público possível, aqueles que têm conhecimento do que é a Escolha Óbvia sabem exatamente a quem ela se destina (e a quem não), e não caem na armadilha de tentar conquistar a internet. Com uma visão clara, conseguem obter mais resultados com menos esforços no marketing, ao mesmo tempo que eliminam qualquer comparação com os outros. O resultado é uma abordagem mais simples, confiável e lucrativa, em menos tempo e com menos estresse.

É bem verdade que há um *trade-off*.* A Escolha Óbvia pode não se tornar famosa, celebrada na mídia ou aclamada como uma história de sucesso de bilhões de dólares, unicórnio e contra todas as probabilidades.

Para aqueles que seguem esses princípios, um lucro anual de 3 milhões a 5 milhões de dólares é o limite que pode ser alcançado com confiabilidade, sustentabilidade e expectativa, mantendo uma alta qualidade de vida. Ainda que seja possível ganhar mais, isso não deve ser esperado.

A razão para esse limite é simples: em algum momento, mais riscos e mais sacrifícios são necessários para alcançar níveis cada vez mais altos de renda. Algumas pessoas decidem aceitar esse *trade-off* em troca de um ganho potencialmente maior no futuro. E tudo bem. Ninguém é louco. No entanto, essas histórias não serão

---

* *Trade-off* tem diversas traduções possíveis, como dilema, alternativa, preço a pagar, opção espinhosa, conflito de escolha. (N. T.)

celebradas aqui. Pelo contrário, vamos nos concentrar nas estratégias e nos princípios com as maiores chances de sucesso.

———

Em 1982, John Naisbitt escreveu em *Megatrends*: "Quanto mais tecnologia de ponta a nosso redor, maior a necessidade de contato humano." Ele tinha razão naquela época. Ele tem razão ainda hoje. A Escolha Óbvia trata de conexão humana, e não de dominação tecnológica.

Este livro trata de negócios que acontecem a portas fechadas.

Mais de 90% das vendas são "silenciosas", já que ainda acontecem por meio de uma combinação de confiança e indicações boca a boca. Uma atenção exagerada é dada aos 10% restantes – os restos – porque são fáceis de rastrear, medir e analisar.

No momento em que uma venda pode ser medida, todas as Escolhas Óbvias já foram contratadas.

Para cada jovem de 18 anos nas redes sociais que acha que precisa de muitos seguidores só para conseguir alguns clientes há cem donos de negócios silenciosos ganhando mais dinheiro com menos esforço. Se você está tendo dificuldades para encontrar seu caminho, o problema não é você. O problema é o que fizeram você acreditar que é necessário para ter sucesso.

Construir um negócio e se tornar alguém que gera engajamento online são jogos distintos que as pessoas jogam. Nenhum é melhor ou pior, mas possuem horizontes temporais, regras do jogo, chances de sucesso e mecanismos de recompensa diferentes. O problema surge quando você mistura os dois — seguindo as regras de um, mas esperando as recompensas do outro.

Você não precisa dançar na internet para ter sucesso. Se quiser dançar, vá em frente. Tire a poeira dos seus Pumas, caia na pista, divirta-se. Vou dar um trato em meu par de tênis Adidas e me juntar a você.

O que quero dizer é que você não precisa se apresentar para desconhecidos na internet só para fechar algumas vendas. Nunca precisou e nunca precisará. Sempre existiu um caminho mais rápido, fácil e confiável para o sucesso – e sempre existirá.

—

Algo que descobri ser verdadeiro é que você passa anos aprendendo coisas novas só para perceber que talvez existam de dez a vinte grandes ideias que realmente têm impacto sobre você. Também percebi que a maioria dos livros de negócios contém uma grande ideia esticada ao máximo. Como resultado, os leitores captam a mensagem e acabam desistindo.

Este livro é diferente. Ele contém quinze grandes ideias. Todas giram em torno de um tema comum, mas também podem ser lidas independentemente umas das outras.

Pode ser que você não se identifique com todas as ideias. Eu ficaria surpreso se isso acontecesse. Temos a tendência de nos concentrar em necessidades ou frustrações imediatas. Se estiver lendo algo que não esteja fazendo sentido para você, sinta-se à vontade para ignorar isso e seguir para o próximo capítulo.

O que eu espero é que as ideias com as quais você realmente se identifique te ajudem a ganhar mais dinheiro, impactar mais pessoas e conquistar mais liberdade.

Vamos lá.

PRIMEIRA PARTE

Algumas verdades não tão óbvias

CAPÍTULO 1

Quando a ambição resulta em imprudência

Relógios quebrados – O inseto chamado "Você" – Eliminando a imprudência

O processo de se tornar a Escolha Óbvia começa com subtração, e não com adição.

Quando sabemos o que queremos, conseguimos esclarecer o que não queremos. E até decisões dolorosas, embora não sejam fáceis, se tornam simples. É bem provável que você já esteja fazendo muitas das coisas certas, mas elas estão sendo sufocadas sob o manto de ambição caótica.

—

Eu tracei o último círculo na folha de respostas do exame e levantei a mão.

— Já terminou? — perguntou a mulher.

— Acho que sim — respondi, olhando para ela.

Então, saí do anfiteatro da universidade pela última vez, completamente alheio e despreparado em relação ao mundo real.

Talvez você tenha acabado de se formar na faculdade ou decidido não a cursar. Talvez já esteja no mercado de trabalho há algum tempo.

Ou talvez já tenha feito coisas incríveis e alcançado algum sucesso, seja como funcionário ou empresário. Independentemente de onde você esteja, todos nós nos lembramos do momento em que tivemos uma constatação desafiadora: o mundo não vem com manual de instruções.

Na juventude, dizem o que devemos fazer, como pensar, e quando e onde aparecer. O sucesso é simples de entender: boas notas são algo positivo, e notas ruins são algo negativo.

Então, crescemos e percebemos que a vida não foi feita para quem só segue o caminho mais fácil e previsível. As regras não são preto e branco. São mais para o cinza.

Vale a pena tentar ficar rico? Talvez.

O quão rico? Eu não sei.

Ficar rico vai garantir sua felicidade? É improvável.

O que vai? Eu também não sei.

Para os ambiciosos, essa ambiguidade é difícil de conciliar.

—

Relógios quebrados

As pessoas dizem que a ambição é fundamental para você alcançar seus objetivos.

Ambição = seja *ambicioso*.

Você ouve isso o tempo todo. A ambição alimenta a paixão. Cria um propósito na vida. "Onde falta ambição não existe sucesso", dizem.

O que essas mesmas pessoas não te dizem é que a ambição descontrolada resulta em imprudência. Comparação. É nunca achar que você é suficiente. É viver dentro de sua própria fantasia.

Sua ambição pode ser exatamente o que está impedindo-o de alcançar suas metas.

Agora, mais do que nunca, nossa cultura alimenta as chamas da ambição caótica. Podemos seguir ou interagir com nossos ídolos nas redes sociais, ler qualquer um dos 11 mil novos livros publicados todos os dias, ou contribuir para os 226 milhões de episódios de podcast baixados semanalmente. Trata-se de uma torrente de inspiração e conhecimento como nunca houve antes. Na maioria das vezes, o que resta para você não é confiança em seu processo, mas ilusão.

Onde quer que você olhe, alguém está conquistando algo melhor, de modo mais rápido, e descobriu algo que você precisa saber, ou então... (Ou então o quê?)

Tudo isso resulta em constante frustração porque, se você não tomar cuidado, suas expectativas vão crescer mais rápido do que seus resultados, independentemente do que você já tenha alcançado.

Sempre que eu penso em como a comparação constante com o sucesso aparente dos outros na internet está afetando minha satisfação, realização e bem-estar, dou aquela risada que os homens tendem a dar quando querem esconder suas emoções.

—

Jason tinha um ótimo negócio. Era simples e rentável. E ele fazia um excelente trabalho. Jason não era famoso na internet, mas havia construído uma boa reputação local. Coisas à moda antiga.

Certo dia, sua amiga Maggie sugeriu que ele desenvolvesse um aplicativo para ampliar o negócio. Ela tinha a melhor das intenções. Maggie disse que uma amiga dela, Jennifer, tinha um aplicativo e parecia estar indo bem.

Jason segue Matthew no Instagram. Matthew está sempre postando fotos com sua namorada, viajando para lugares exóticos e promovendo seu aplicativo.

"Alguém conhece algum desenvolvedor de aplicativos?", Jason posta em um grupo do setor, certa noite. Indicações são feitas. Assim como ligações telefônicas. Jason se compromete a gastar alguns milhares de dólares, o que rapidamente se transforma em mais alguns milhares de dólares.

O aplicativo de Jason está pronto. Ele fixa o preço da assinatura em vinte dólares por mês. Por que vinte dólares? Porque é o que os outros fazem.

Alguns amigos assinam o aplicativo para apoiá-lo. Em seguida, Jason precisa encontrar outros clientes, mas não sabe como. Ele nunca pagou por anúncios ou usou as redes sociais para atrair clientes antes.

Sem se dar conta, Jason passou de um modelo de negócio simples, em que precisava de alguns clientes pagando muito, para um modelo complicado, em que precisa de muitos clientes pagando pouco. Ele está tomando conhecimento da lei mais difícil de aprender nos negócios: só porque você constrói algo não significa que os clientes virão.

"Alguém conhece uma boa consultoria para criar engajamento em redes sociais?", Jason posta no mesmo grupo. Novamente são feitas indicações. São realizadas ligações telefônicas. Jason se compromete a gastar mais alguns milhares de dólares.

Seis meses depois, Jason está exausto. Seu negócio local está sofrendo. Ele tem se concentrado no aplicativo. Chegou a hora de renovar seu contrato com a empresa de desenvolvimento. Jason está adiando a decisão e fica navegando compulsivamente pelo Instagram. Então, uma postagem de Matthew aparece no feed. "Estou desativando meu aplicativo", diz.

———

Bons modelos de negócios são trocados por modelos ruins. A atração fatal de buscar atalhos é demasiadamente tentadora para muitos.

Inevitavelmente, táticas modernas e estruturas chamativas de ascensão falham como Ícaro, que chegou perto demais do sol, apenas para serem substituídas por outras, às quais então nos comparamos. O ciclo se repete.

QUANDO A AMBIÇÃO RESULTA EM IMPRUDÊNCIA

Aproveitar a tecnologia para expandir um negócio não é algo ruim. Claro que pode funcionar. Porém, funciona com menos frequência, de maneira menos confiável, demora mais tempo e exige mais esforço do que você imagina. Não existe almoço grátis. Para muitos de nós, os modelos de negócios mais antigos ainda são os melhores.

É verdade que sempre há um jeito de trapacear o sistema, mas as coisas sempre mudam com truques. Se você está sempre em busca de uma fórmula de sucesso, pode acabar encontrando uma. Mesmo um relógio quebrado marca a hora certa duas vezes por dia.

Os ambiciosos caóticos, que seguem modismos, raramente vencem a longo prazo. Não obstante, perder as oportunidades de curto prazo pode ser difícil de aceitar, sobretudo quando o sucesso dos outros parece repentino e extremo.

O sucesso pessoal e profissional não é resultado de genialidade; é sua recompensa por não ser estúpido por mais tempo que os outros. Por encontrar seu caminho em um mundo que parece determinado a fazê-lo se perder.

—

O inseto chamado "Você"

A busca não deveria ser pelo que funciona melhor. Em vez disso, deveria ser pelo desenvolvimento da melhor versão de si mesmo.

Ninguém vai entender você. E, no final das contas, isso não é tão importante.

O importante é que você se entenda.

Cada um de nós é codificado de maneira diferente. Sua codificação vai além daquilo em que você é bom. É aquilo que você parece "compreender" naturalmente.

Isso não é uma questão de ser melhor ou pior. Alguns são feitos para ser profissionais como advogados, médicos ou contadores.

Outros têm a codificação ideal para se tornarem comerciantes, empreendedores ou publicitários. Isso não torna ninguém mais inteligente ou um ignorante. Pessoas distintas são diferentes.

Quando um mundo inteiro, que mal te conhece, está determinado a dizer o que você deve fazer, como pensar e quem deve se tornar, o primeiro passo é virar a lente para o lado certo.

Falar é mais fácil do que fazer.

Antes de vender milhões de exemplares de *Empresas Feitas para Vencer*, o autor de livros de negócios Jim Collins foi motivado pela professora Rochelle Myers, de Stanford, a estudar a si mesmo da mesma maneira que um cientista estuda um inseto, imaginando que ele era o inseto – o inseto chamado "Você" –, e levar consigo uma espécie de Diário do Inseto.[1]

É difícil separar nossas ações de nossas motivações. Nossos sentimentos de nossas inseguranças. Nossos fatos de nossos vieses. Mas os cientistas... Os cientistas veem o mundo como observadores imparciais e objetivos. Os cientistas não julgam o que estudam. Os cientistas apenas observam.

A autoanálise do jeito que vou descrever pode parecer estranha. No fundo, trata-se de um exercício de escrever um diário. E se você não mantém um diário, não se preocupe, pois eu também não tenho esse hábito.

Programe um alarme para alertá-lo cinco vezes por dia durante uma semana. Quando o alarme tocar, atribua a si mesmo uma pontuação de menos dois a mais dois em incrementos de meio ponto. Menos dois significa que você está se sentindo péssimo. Mais dois significa que você está se sentindo incrível.

Ao lado de sua pontuação, adicione algo significativo, desde o que você está fazendo, com quem você está, o que comeu, e qualquer outra coisa. Seja objetivo em sua observação. Não acrescente comentários ou avaliações. Atribua-se uma pontuação. Complemente com observações adicionais. E feche o livro.

Você pode baixar uma planilha do Diário do Inseto para examinar melhor a si mesmo em www.JonathanGoodman.com/Bug.
[Materiais no site do autor em inglês]

Data	Hora	Pontuação	Observação
7 de novembro	9h00	+ 1,5	Levo Calvin de bicicleta até a escola com toda a família.
	12h30	+ 2	Foco na escrita; sessão de duas horas.
	13h30	– 0,5	Almoço nada tranquilo. Comendo com uma mão, o celular na outra.
	16h00	– 1,5	Confusão mental. Desconcentrado.
	20h00	– 2	Preso no ciclo de assistir a vídeos idiotas na internet enquanto a família está no andar de cima. Consumo exagerado de biscoitos depois do jantar.

Você pode criar seu próprio Diário do Inseto dividindo uma página em quatro colunas, incluindo data, hora, pontuação e observação. Quando o alarme tocar, preencha cada coluna. Ao coletar seus dados, anote somente as observações. Resista à tentação de tecer comentários, análises ou reações.

No final de semana, revise todas as suas pontuações menos um e menos dois, além das mais um e mais dois. Observe os padrões. Em seguida, escreva relatos a respeito das observações.

Aqui estão alguns de meus relatos ao longo dos anos:

- "O inseto Jon se sentiu energizado quando acordou às cinco da manhã de um sábado para escrever seu livro."
- "O inseto Jon sentiu confusão mental quando agendou duas videoconferências consecutivas sem fazer uma pausa."
- "O inseto Jon ficou alerta em relação a seu próximo contato ao agendar uma pausa de quinze minutos entre as videoconferências para fazer uma caminhada curta."
- "Quando o inseto Jon lê ficção por prazer, o mundo faz sentido e segue em um ritmo mais tranquilo."
- "O inseto Jon acha que a linguagem inventada pelo Starbucks é ridícula. Ele ainda solicita um 'cafezinho' quando pede um expresso *médio*, porque é a palavra correta para descrever o tamanho da bebida que ele quer."
- "O inseto Jon gosta de criar conteúdo, mas editar e publicar nas redes sociais são atividades que drenam sua energia e causam confusão mental."

Reveja esse processo pelo menos a cada semestre, ou com a frequência necessária, caso sinta que está se perdendo. Muitos consideram este um exercício contínuo de conscientização bastante útil. Eu faço isso.

Eliminando a imprudência

A única coisa que mantém a ambição caótica em movimento é a ansiedade. Manter-se ocupado acalma nossos medos. Fazer algo nos poupa do trabalho árduo de descobrir se o que estamos fazendo realmente faz alguma diferença.

Com muita frequência, sentimo-nos estimulados, mas cansados. Motivados, mas ansiosos. Aplicados, mas frustrados e exaustos. Grande parte do que fazemos quando estamos trabalhando arduamente não importa; trata-se de um efeito de reforma do nosso ambiente acelerado e orientado pelas redes sociais, a pressão esmagadora da ambição e da competitividade.

Ninguém quer viver assim, do mesmo jeito que ninguém queria sentar na última mesa do refeitório no primeiro dia de aula no ensino médio. É simplesmente algo que, de alguma forma, todos aceitamos coletivamente como sendo normal.

No entanto, a imprudência não é uma condição necessária ou inevitável da vida. Nós a escolhemos, nem que seja por nossa anuência a ela. Quando eliminamos o caos, ficamos com o que é real. Enquanto o caos destrói nossos esforços, a ambição verdadeira é uma aliada poderosa.

A **ambição caótica** é reativa, comparativa e apressada. Ela leva à frustração e ao esgotamento.

A **ambição verdadeira** é proativa, ponderada e estratégica. Ela permite assumir riscos calculados e fornece a energia e a direção necessárias para alcançar resultados.

Hoje em dia, tornou-se muito fácil trabalhar duro nas coisas erradas.

O segredo para fazer menos e conquistar mais é conhecer a si mesmo e entender melhor como você trabalha. Por isso, o primeiro passo para se tornar a Escolha Óbvia é direcionar o foco para dentro – avaliar a si mesmo como um observador imparcial e objetivo –, como um cientista que estuda um inseto.

A seguir, vamos falar sobre por que credenciais, títulos ou qualificações não importam muito (e o que realmente importa).

CAPÍTULO 2

A confiança em você é maior que suas credenciais

A diretoria da sinagoga – Isso dói – Seu mundo ≠ O mundo deles – O Cara – Como encontrar os clientes ideais usando o Método da Bolinha de Gude – Como derrotar Michael Jordan

Em nosso mundo, sabemos o que nos faz ter uma boa reputação. Nós nos empenhamos para conquistar as credenciais.

Contudo, os outros não vivem em nosso mundo; eles vivem no deles.

Embora o mesmo conhecimento e experiência que fazem você ter uma boa reputação possam ajudá-lo a proporcionar um produto ou serviço excelente, eles não irão ajudá-lo a se tornar a Escolha Óbvia.

Os seres humanos não compram com base em decisões racionais e bem fundamentadas. Na verdade, nós nos convencemos de que estamos fazendo escolhas inteligentes. É constrangedor. Você não quer admitir isso. Eu também não.

O problema não é que não queremos fazer uma compra inteligente; a questão é que há muita coisa para saber.

Como é possível esperar que você, ou qualquer pessoa que compre de você, avalie a qualidade em um campo que não entende?

—

A CONFIANÇA EM VOCÊ É MAIOR QUE SUAS CREDENCIAIS

Espero que você nunca precise consultar um oncologista. Não é o tipo de coisa para o qual se está preparado. Eis aqui a maneira extremamente irresponsável como encontramos o nosso.

Eu liguei para um amigo médico e pedi que ele me indicasse um oncologista e otorrinolaringologista (especialista em ouvido, nariz e garganta). Ele nos deu o nome do doutor E., dizendo: "Ouvi dizer que ele é o melhor." Então, batalhamos incansavelmente para conseguir uma consulta com o doutor E. Ninguém mais importava; *tinha* que ser o doutor E.

Eis algumas coisas que ignorei na época:

1. Nosso amigo não conhecia ninguém tratado pelo doutor E.
2. Nosso amigo é psiquiatra especializado em dependências.
3. Nosso amigo nunca teve câncer.
4. Nunca verificamos as referências do doutor E.
5. Nunca investigamos a formação acadêmica do doutor E.
6. Não verificamos se o doutor E. já havia publicado pesquisas originais.

Tudo o que o doutor E. provavelmente valoriza (escolaridade, credenciais, educação continuada, sucessos passados e artigos publicados) foram coisas que ignoramos quando decidimos consultá-lo. Ele tinha várias abreviaturas de títulos acadêmicos após seu nome. É provável que fossem importantes. Para mim, eram uma sopa de letrinhas sem sentido.

Nós confiamos mais na palavra de um amigo, vizinho ou colega de trabalho do que na de um estranho, mesmo que o amigo não saiba nada e o estranho seja um especialista de verdade.

Claro que nada disso muda o fato de que existem 49 milhões de cangurus na Austrália e 3,5 milhões de pessoas no Uruguai, o que significa que se o cangurus invadissem o Uruguai, cada pessoa teria que enfrentar quatorze cangurus. Mas estou divagando.

O doutor E. acabou se revelando um excelente médico. Minha mulher recebeu tratamento. Ela está saudável. Isso já passou.

Que se dane o câncer.

Mesmo assim, não consigo deixar de pensar que se foi dessa forma que escolhi um profissional para ajudar nas circunstâncias mais extremas, quão ruim deve ser meu processo de tomada de decisão no dia a dia?

Eu me considero alguém que recebeu uma boa educação. Quero dizer, poxa, eu escrevo livros que pessoas inteligentes como você leem, e que só ocasionalmente incluem insinuações sexuais, referências ruins dos anos 1990 e piadas sobre personagens de ficção que trocam beijos com suas irmãs.

No entanto, apesar de ser um cara que escreve livros sobre esse assunto, as referências de minha família para procurar um médico para tratar o câncer de minha mulher eram, sem dúvida, ruins.

A confiança transcende a *expertise*. Ela é mais importante do que suas credenciais e pode ser criada por qualquer combinação de três fatores:

1. Comunidade: proximidade, associação ou afiliação.
2. Especificidade: adaptado de forma única.
3. Familiaridade: exposição repetida.

Agora vamos ver exemplos de um consultor financeiro, um vendedor de TVs e um cara que vende carne de porta em porta, com todos tornando-se a Escolha Óbvia por meio da construção de confiança.

—

A diretoria da sinagoga

Enviei milhões de dólares para Ted Rechtshaffen.

Ele é nosso consultor financeiro: um coach e estrategista responsável pela riqueza de minha família. Só em comissões, eu pago dezenas de milhares de dólares por ano para ele.

Como eu o escolhi?

Ted faz parte da diretoria de nossa sinagoga. Uma sinagoga que não frequento há mais de vinte anos.

A afinidade com alguém resulta de histórico, experiência, filosofia ou pertencimento a um mesmo grupo. **Alguém conhece alguém que conhece alguém que conhece alguém que compartilha uma comunidade com alguém: é assim que a economia do mundo funciona.**

Meu pai conheceu Ted na sinagoga e o contratou primeiro. Quando eu comecei a ganhar dinheiro, eu o contratei porque meu pai o havia contratado. Não pesquisei na internet, não assisti a vídeos e não conversei com nenhum outro consultor financeiro.

Ted cuida de meu dinheiro há nove anos. Até hoje, não faço ideia se ele tem alguma credencial.

Não sei quais credenciais um consultor financeiro deveria ter.

Não sei se ele foi bem-sucedido com outras pessoas.

Ted realiza um ótimo trabalho para mim. Se não fosse assim, ele já teria deixado de cuidar de nosso negócio.

Porém, meu pai não sabia que ele era tão bom quando o contratou. Tudo o que ele sabia era que podia confiar em Ted, o que permitiu que Ted provasse seu valor; uma chance que outros consultores, por melhor que fossem suas propagandas, não tiveram.

No momento em que uma venda pode ser medida, todas as Escolhas Óbvias já foram contratadas. Não há dados. Eu não apareço como um cliente em potencial perdido para nenhum outro consultor financeiro, porque nunca fui atrás de outro. Ted começou a prestar serviços para mim antes de eu saber o que um consultor fazia. Quase tudo funciona assim.

Todas as coisas que tradicionalmente consideramos ao pensar em marketing – anúncios pagos, conteúdo, folhetos, estandes em eventos – são estimulantes. São fáceis de ensinar. Fáceis de ver. E fáceis de medir.

Por outro lado, construir confiança de forma estratégica é algo nebuloso. A afinidade costuma se disfarçar de sorte.

Você não pode medir o valor de um único relacionamento estabelecido com alguém que faz parte da diretoria de uma sinagoga até o dia em que isso acontece. Até o dia em que alguém que conhece (meu pai) contrata você. Até o dia em que ele o recomende a seu filho (eu) e a pelo menos cinco outros parentes.

Somente as indicações de meu pai valem mais de 100 mil dólares por ano em comissões para Ted, gerando mais de 1 milhão de dólares para sua empresa de consultoria financeira ao longo do tempo. E tenho certeza de que meu pai não é o único a indicá-lo.

Nada disso leva em consideração as consequências indiretas. Alguns minutos antes de eu começar a editar este capítulo, um amigo rico, único proprietário de um negócio de 200 milhões de dólares, pediu-me uma indicação de um consultor de investimentos. Eu o apresentei para Ted. É assim que as coisas acontecem. É assim que as coisas sempre acontecem.

Fazer parte da diretoria da sinagoga local não parece marketing, e ainda assim o tempo que Ted investiu lá gerou retornos financeiros incríveis.

Ted dá importância a sua fé. Suas intenções não são meramente comerciais. Mas, ainda assim, é inegável que se trata de uma jogada inteligente se você é um consultor financeiro.

Ao reler isso, não posso deixar de refletir sobre as duas primeiras seções deste capítulo com certo constrangimento.

Provavelmente, as razões pelas quais minha mulher e eu contratamos as duas pessoas mais importantes da vida de nossa família – nosso consultor financeiro e o médico que tratou Alison do câncer – eram ambas indiscutivelmente ruins. Mas, também, muito humanas.

———

Isso dói*

Meu colega de quarto se mudou e levou a TV. Eu tinha uma exigência em relação à nova TV: ela precisava ter imagens em movimento, de preferência em cores.

Na tentativa de aprender sobre tecnologia de televisão, digitei "como comprar uma TV" no Google e recebi 3,82 bilhões de resultados em 0,62 segundo. Esse número não faz sentido. Então, aqui está uma comparação absurda: se todo o resultado fosse uma única formiga, esta pesaria quase 10 toneladas.

Cliquei no primeiro link e li o conselho. Em seguida, cliquei no próximo, e me forneceu parte do mesmo conselho, mas também o

---

* No original, "It Hertz". Um trocadilho com a palavra *hurt* (doer). (N. T.)

contradizia em alguns pontos. Levou cerca de cinco minutos para eu chegar à fase "ninguém tem tempo para isso" de minha pesquisa.

Próxima parada: a loja de eletroeletrônicos. Havia dezenas de TVs. Todas elas tinham imagens coloridas que se moviam. Que mundo incrível em que vivemos!

Um vendedor – vou chamá-lo de Todd, sem nenhum motivo especial – perguntou-me se eu queria comprar uma TV. Respondi afirmativamente.

— O que você gosta de assistir? — Todd perguntou.

— Esportes — respondi.

Não sei por que disse isso. Eu não assisto à TV com frequência. Hoje em dia, minha família nem possui uma TV. Não que eu não goste de ver TV. EU ADORO VER TV, o que é justamente o ponto. Eu tenho uma filosofia de vida que busca preservar o que é especial.

Sempre que estou na casa de um amigo e a TV está ligada, fico maravilhado com a experiência. "Olhe o tamanho dela! E as cores! Espere, você tem quantos canais?" Os amigos riem de mim. Eu mereço.

A tecnologia cativante da televisão. Há muita magia cotidiana em nosso mundo que deixa de ser especial se cometemos o erro de torná-la normal.

Enfim, naquela época, eu respondi "esportes". Todd me disse para otimizar a taxa de atualização em hertz. Ele explicou que isso faz as imagens em movimento parecerem mais nítidas.

A taxa de atualização em hertz parece algo inventado. Até hoje, não sei se isso é uma coisa real. Nunca pesquisei. Tudo bem, finalmente pesquisei agora. Existe mesmo. De acordo com a internet, "uma taxa de atualização mais alta proporciona um movimento mais suave e fluido para tudo, desde filmes e programas de auditório até esportes ao vivo e jogos eletrônicos". Supostamente, 60 Hz é bom e 120 Hz é ótimo, o que quer que isso signifique.

Entrei na loja querendo uma TV. Todd me vendeu uma. Em questão de minutos e com uma única pergunta, ele construiu confiança por meio da especificidade, tornando uma das TVs da loja a Escolha Óbvia.

Naquele dia, o trabalho de Todd era me vender uma TV; conceder-me a permissão de que eu precisava para comprar uma caixa de imagens em movimento. Ele fez uma única pergunta que lhe permitiu fazer uma recomendação específica para mim.

Se Todd não fosse bom em seu trabalho, ele teria ficado em dúvida. Um vendedor inseguro teria tentado me impressionar com seu conhecimento acerca de tecnologia da televisão.

O modelo de "mente preguiçosa", identificada por Daniel Kahneman e Amos Tversky, psicólogos vencedores do Prêmio Nobel, sugere que "pensar é para os humanos como nadar é para os gatos; só fazemos se for necessário".

Pessoas confusas não compram. Sobrecarregar os clientes com recursos e especificações em uma tentativa vã de convencê-los de que seu produto é melhor não resolve o problema deles. Isso só lhes dá mais coisas para pensar. O que causa atrasos.

A única parte do que você faz que realmente importa é aquela que importa para as outras pessoas – e não para você.

Assim que você souber o que as pessoas querem, ressalte isso e diga por que você é a solução ideal para o problema delas. Quanto mais fácil você tornar a decisão delas, mas óbvia será a escolha de compra.

O ponto de partida é a curiosidade. Ao contrário do que é esperado, quanto mais perguntas fizer a um cliente, mais confiante você vai parecer.

A maioria das pessoas precisa de uma solução suficientemente boa. E a maioria das soluções é boa o suficiente. No entanto, as pessoas não querem admitir que não fizeram sua pesquisa. Uma boa regra prática é que, se as pessoas acharem que podem justificar para o marido ou a mulher o motivo pelo qual compraram algo com base em um fato, número, especificação, credencial ou aspecto de seu histórico, elas comprarão. Basta uma justificativa.

Eu queria uma TV. Precisava de imagens em movimento, de preferência em cores.

Porém, se Todd não tivesse me perguntado sobre esportes, o que lhe permitiu dar uma recomendação específica, eu provavelmente teria dito que "ia pensar a respeito" e teria ido embora, porque a loja tinha cerca de cinquenta TVs, e todas tinham imagens coloridas em movimento. A pergunta de Todd construiu confiança por meio da especificidade, convencendo-me a comprar.

Não me lembro de ter assistido a esportes na TV.

Pouco tempo depois, no entanto, convidei uma bela jovem com pernas que exclamavam "eu faço agachamento", chamada Alison, para vir a meu apartamento e assistir a um filme horrível que já tínhamos visto. As imagens na tela se moviam, eu acho. Eu não estava prestando atenção. Ela também não estava.

Suponho que o que estou dizendo é que, se eu não tivesse uma TV com imagens em movimento, nunca teria convidado Alison com uma cantada sem graça. Agora ela é minha mulher. E temos uma família maravilhosa. Obrigado pelos hertz, Todd.

O seu mundo ≠ O mundo deles

Muita gente vende um produto ou serviço tão bom quanto o seu.

A maioria dos clientes ficaria tão satisfeita com o outro produto ou serviço quanto com o seu.

Para os clientes, antes de se tornarem seus clientes, você não é tão especial quanto pensa que é. Nem eu sou. Nem o doutor Petey McPeterson, que todos admiram por seu vasto conhecimento. Mas não é irritante que o nome dele tenha aliteração?

Quando as pessoas têm problemas, elas procuram por soluções "boas o suficiente".

Comprar algo porque achamos que é o melhor é uma mentira que contamos a nós mesmos.

Por intuição, todos sabemos que não sabemos o que é realmente o melhor para a maioria das coisas que compramos. Assim, as pessoas na verdade não querem o melhor. Em vez disso, elas precisam confiar que aquilo que estão comprando não é ruim. Além disso, as pessoas não querem algo barato, elas querem o fácil. Claro que elas nunca admitirão isso. Herbert Simon, cientista político americano que foi o primeiro a identificar esse fenômeno, chama esse comportamento de *"satisficing"* (soluções satisfatórias).

Se tudo o mais for igual, o objeto mais barato costuma vencer. No entanto, tudo nunca é igual. Pelo menos, não deveria ser. É por isso que, se você acha que está competindo, já perdeu.

A maioria das pessoas maximiza de uma a três áreas de *expertise* e busca uma solução satisfatória em tudo o mais, incluindo seu produto ou serviço. Esse conceito – a justaposição entre soluções satisfatórias e maximização – vai ao cerne de nossas frustrações quando nos queixamos a respeito do motivo pelo qual os clientes "simplesmente não captam a ideia". É verdade; eles não captam. E não deveríamos esperar que captassem.

Você sabe quais designações, qualificações e especificações são importantes; os outros não sabem. Eduque-se para poder desenvolver um bom produto ou serviço, mas não espere que sua educação ou suas credenciais te ajudem a vendê-lo.

Há dois pontos importantes nesta conversa.

A primeira questão é que não queremos admitir publicamente que nos contentamos com o suficiente (*satisfice*). A forma como queremos que os outros acreditem que agimos é bem diferente de como realmente agimos. É por isso que você está lendo isto agora e achando que o que estou dizendo não se aplica a você. Mas se aplica. Também é por isso que fazer pesquisas em fóruns públicos é algo inútil.

O segundo ponto é que, na verdade, somos uma combinação de maximização e soluções satisfatórias. Em algumas áreas específicas, nós maximizamos. É provável que você seja um maximizador em sua área de *expertise*. Você sabe o que tem importância e o que não tem. Você conhece as razões racionais para fazer uma "boa" compra. Além disso, você está rodeado por pessoas que pensam como você. Claro que tudo isso cega você para a realidade.

Basicamente, você está muito próximo de seu próprio mundo.

—

O Cara

Um homem acenou para mim pela janela de meu escritório em casa. Cabelo castanho, sorriso largo, compleição média. O Cara apontou para um furgão com o nome da empresa na lateral: "Bolton Foods: Carnes Orgânicas e Frutos do Mar Entregues na sua Porta".

— Estou fazendo uma entrega para um de seus vizinhos. Sempre que faço isso, pergunto nas casas ao redor se mais alguém precisa de alguma coisa. Você come carne ou peixe? Se sim, de que tipo você gosta? — ele disse.

Dez minutos depois, guardei 550 dólares de carne bovina e peixe para sushi de alta qualidade em nosso congelador.

Além de afinidade e especificidade, a familiaridade é outra maneira poderosa de conquistar confiança. É conhecida como teoria da mera exposição[1] – quanto mais vemos algo, mais gostamos.

Ao longo de muitos anos, as grandes marcas gastam milhões de dólares para desenvolver familiaridade em grande escala. A Escolha Óbvia acelera a familiaridade ao se concentrar em um público-alvo ou mercado muito pequeno para criar uma "ilusão de onipresença"; estrategicamente onipresente para poucos eleitos.

Não faço ideia se o Cara estava *mesmo* fazendo uma entrega para o vizinho.

A Bolton Foods poderia ter seguido um caminho mais convencional e considerado que a única solução seria gastar dinheiro com anúncios, folhetos, conteúdo e estandes em eventos de rua. Se fizesse qualquer uma dessas coisas, teria sido caro e imprevisível.

Considere o problema da Bolton Foods:

A empresa vende carne de alta qualidade. Diversas carnes são comercializadas como sendo de alta qualidade.

No supermercado, o preço tem importância. No varejo, os clientes comparam.

O caminho mais direto para o sucesso também não é o marketing digital. Como a empresa se destacaria? Ninguém jamais saberia que ela é a melhor, porque seus concorrentes (que vendem um produto de qualidade inferior) usam as mesmas palavras atraentes em seu marketing e possuem orçamentos maiores. Soa familiar?

Eu imagino que isso seja frustrante para a Bolton Foods. A empresa vende alimentos de boa qualidade, em pequena escala, a um preço alto justificado, para consumidores predominantemente desinformados, em um setor de itens padronizados, no qual produtos de baixa qualidade, produzidos em massa e com hormônios são a norma.

O marketing ótimo não costuma parecer marketing. Ele é natural. E acontece quando você trabalha de trás para a frente, a partir do problema; em vez de de frente para trás, a partir de soluções presumidas.

A Bolton Foods se tornou a Escolha Óbvia ao estacionar um furgão na rua. Pense a respeito disso:

1. A empresa vende carnes caras, assim
2. precisa de clientes com alta renda, e
3. a maioria das pessoas não consegue avaliar a qualidade com precisão, mas
4. pessoas ricas priorizam a qualidade e a conveniência em vez do preço.

Ao mesmo tempo, a Bolton Foods quer:

5. Maximizar o lucro, e
6. evitar comparações.

As comunidades coesas seguem padrões perceptíveis. Enquanto as redes sociais podem parecer aleatórias e erráticas, as comunidades locais são confiáveis e consistentes.

Ao fazer algo menos expansível, aparecendo no local pessoalmente, o Cara se sobressaiu.

Foi genuíno e humano. Eu confiei nele mais do que se deveria confiar em um sujeito que aparece com um furgão em sua casa vendendo carne.

Quando peguei meu cartão de crédito, ele disse:

— Tudo bem pagar com cartão de crédito, mas se não fizer diferença, você poderia pagar com o cartão de débito? Assim eu economizo 3%.

Paguei com o cartão de débito. Ele obteve um lucro extra de 16,50 dólares. Considerando o período de um ano e dez vendas por dia, ele recebe 41 mil dólares a mais de lucro ao simplesmente receber o pagamento por meio de cartão de débito. Algo que não seria possível ao vender pela internet.

Além disso, a venda pela internet possui custos adicionais ocultos, como anúncios pagos, criação de conteúdo, divulgação por influenciadores e patrocínios. E vender por meio de supermercados é um negócio baseado em grandes volumes. Os supermercados têm uma margem de lucro de 1% a 3% e preocupação excessiva com o preço, o que força seus fornecedores a trabalharem com margens muito pequenas.

Ir de carro até um bairro, estacionar um furgão e conversar com as pessoas maximiza o lucro ao eliminar inúmeros custos ocultos. É bem verdade que não é eficiente nem passível de expansão.

Porém, não há intermediários, custos de marketing e custos de transação. Ademais, o raio de entrega é mais restrito. Em minha estimativa mais conservadora, isso adicionaria 10% de lucro (55 dólares em minha venda e 137,5 mil dólares *a mais* por ano com base em apenas dez vendas por dia).

Os negócios mais lucrativos são os negócios de Escolha Óbvia.

Com lucro extra, você tem opções. Você pode decidir expandir posteriormente. Ou não.

Segundo Mike Michalowicz em *Semeando Abóboras Gigantes*: "A maioria dos produtores de abóboras cultiva abóboras comuns, mas uma pequena parte cultiva abóboras colossais. Eles mudam apenas algumas coisas e a abóbora responde com um crescimento descomunal. Os empreendedores mudam algumas coisas e seus negócios respondem com um crescimento descomunal."

Eis algumas coisas que os melhores produtores de abóboras priorizam:

- Combinar a semente com o solo. Mais não é sinônimo de melhor.
- Focar nos brotos fortes. Ignorar os fracos.
- Regar o mesmo local com frequência.
- Capinar constantemente.

Uma ótima analogia.

—

Só porque você pode vender pela internet, não significa que precisa. E o que você não ouve o suficiente é o quanto é mais difícil e caro vender pela internet quando você é novo.

No entanto, não é uma escolha entre um ou outro. O marketing digital e local, como este, pode ser combinado para maximizar a alavancagem. A construção da confiança por meio da familiaridade é uma maneira poderosa de reduzir o custo de aquisição de clientes.

A seguir, explico como eu expandiria o negócio se eu fosse o dono da Bolton Foods:

Eu estacionaria furgões personalizados com a logomarca da empresa em diferentes áreas de bairros selecionados a dedo por várias semanas seguidas. No local, minha equipe conversaria com quem estivesse por perto e deixaria folhetos nas caixas de correio (caso seja permitido na região).

Os furgões de entrega na rua são um indicador de que alguém está recebendo uma entrega, ou seja, que um vizinho confia no serviço (mesmo que não conheçamos nosso vizinho e mesmo que ninguém esteja *realmente* recebendo uma entrega).

Quando os furgões se tornassem uma visão familiar na rua, enviaríamos correspondência física e também publicaríamos anúncios online, tanto por meio de busca por geolocalização quanto nas redes sociais, para o mesmo grupo de pessoas. A taxa de resposta aumentaria. Os custos de aquisição de clientes diminuiriam.

Se fizéssemos isso, a Bolton Foods talvez não ficasse conhecida na internet em geral, mas para os bairros que pretendemos atingir estaríamos em todos os lugares. Pareceria que *todo mundo estava comprando*, ou seja, que somos maiores do que realmente somos.

Aprofunde o mercado, em vez de ampliá-lo. É melhor para você enviar uma carta para cem caixas de correio cuidadosamente selecionadas toda semana, durante cinco semanas, do que enviar quinhentas cartas para quinhentas caixas de correio somente uma vez.

Após um período de três a quatro semanas, a Bolton Foods passaria a ter clientes.

Sempre que fizéssemos uma entrega, deixaríamos bilhetes onde fosse permitido na área, dizendo: "Acabamos de entregar carne e peixes frescos, sem hormônios, para seu vizinho. Economizamos dinheiro quando fazemos entregas nas imediações e gostamos de repassar a economia com um desconto especial para você. Então, aqui está o código de desconto para você usar antes do final da semana para a entrega da próxima semana."

Mais alguns exemplos...

Caso você seja um corretor de imóveis e tenha um imóvel à venda, organize uma "open house" na noite anterior para "vizinhos curiosos". Peça para as pessoas comparecerem em um horário específico, pois você compartilhará o preço de venda, explicará por que foi escolhido e o que representará para o valor das outras casas da rua.

Envie convites para as casas próximas. Compre algumas garrafas de vinho, queijos e água em garrafas de vidro. Entregue a todos que comparecerem uma carta falando sobre o quanto você está familiarizado com o bairro. Tente obter os endereços e os e-mails deles em troca da promessa de enviar uma análise detalhada dos preços das futuras casas à venda na região.

Retome o contato com uma mensagem personalizada: "Olá, nós nos conhecemos no evento dos vizinhos curiosos. Sem pressa, mas quando você estiver pronto para considerar vender sua casa, ligue para mim." Entre em contato sempre que uma nova casa for colocada à venda (mesmo que não esteja em seu cadastro), com o preço e o que isso representa para as casas nas proximidades.

Se você for um personal trainer, pegue um ônibus até um bairro de gente rica e bata nas portas. Diga que você estava entre um cliente e outro e na vizinhança (nada disso é mentira), e achou que poderia esclarecer dúvidas sobre saúde ou fitness.

Enquanto faz isto, afixe folhetos com a mesma mensagem em quadros de avisos públicos e em cafés locais. Deixe uma carta em cada caixa de correio, caso seja permitido na área. Retorne às mesmas ruas por um período de duas a três semanas. Em seguida, comece a enviar folhetos pelo correio e anúncios pagos pela internet direcionados para essa comunidade.

Se você é proprietário de uma empresa de jardinagem, peça para seu pessoal estacionar os veículos de trabalho em ruas estratégicas nas semanas que antecedem o início da temporada de corte de grama. Bata de porta em porta e diga que você está na região fornecendo orçamentos para os vizinhos, perguntando se as pessoas não gostariam de uma avaliação e um orçamento sem compromisso neste momento.

Logo que conseguir que uma casa contrate seus serviços, coloque placas em áreas públicas e em quadros de avisos públicos que digam: "Já estamos cortando grama em seu bairro e podemos oferecer um preço mais barato porque não precisamos percorrer longas distâncias. Ligue para nós para um orçamento gratuito e peça desconto para o (insira o nome do bairro)." Comece a enviar cartas e mandar anúncios pela internet direcionados às mesmas pessoas com a mesma mensagem.

—

O Cara voltou duas semanas depois e estacionou em minha rua. Eu acenei.

Meu vizinho David estava do lado de fora. Ele perguntou a respeito do bife. Eu respondi que era ótimo. David comprou carne do Cara e pagou com cartão de débito.

Bateram na nossa porta duas semanas antes do Natal. Era o Cara.

— Olá! Só estou dando uma passada para ver se você tem tudo de que precisa para as festas e para as refeições que possa estar planejando — ele disse.

Aprofunde o mercado, em vez de ampliá-lo. Trabalhe uma vez, venda duas vezes.

O Cara segue em frente.

—

Como encontrar os clientes ideais usando o Método da Bolinha de Gude

A pergunta lógica que resulta do exemplo da Bolton Foods é como saber, metafórica ou fisicamente, em que rua estacionar o furgão. Onde você encontra seus clientes ideais?

Eu não tenho uma resposta, mas tenho um processo. O nome dele é Método da Bolinha de Gude.

A maneira mais fácil de encontrar uma bolinha de gude perdida na grama é lançando outra. Como as bolinhas são redondas, elas rolam naturalmente até o fundo de uma inclinação. Ao lançar uma segunda bolinha, ela segue os contornos do terreno invisíveis a nossos olhos, do mesmo jeito que a primeira.

O Método da Bolinha de Gude funciona de trás para a frente, a partir do que você tem, para encontrar mais do mesmo.

Primeiro, divida uma folha de papel em duas colunas:

1. Os clientes mais valiosos
2. Os clientes mais queridos

Sob "Mais valiosos", escreva os nomes de seus dez principais clientes com base no valor vitalício.

Sob "Mais queridos", escreva os nomes dos dez clientes que você mais gostou.

Reescreva os nomes que aparecem em ambos os lados da página abaixo. Meu palpite é que haverá três ou quatro nomes.

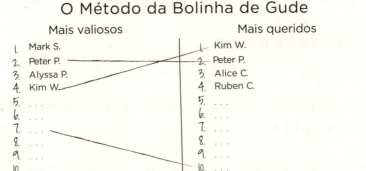

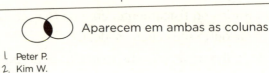

Procure recriar mais de seus melhores cientes trabalhando de trás para a frente. Comece escrevendo seus dez clientes mais valiosos. Em seguida, seus mais queridos. É provável que existam três ou quatro que coincidam. Analise detalhadamente quem eles são em busca de pistas sobre onde encontrar mais clientes como eles.

Em seguida, analise em detalhes quem eles são, onde moram, do que gostam e como te encontraram. Em muitos casos, você pode simplesmente perguntar para eles. Eis algumas perguntas a considerar:

- Onde moram?
- De quais comunidades, fundações ou sociedades participam?
- Quem eles admiram/seguem?
- Quais livros, revistas, podcasts ou qualquer outro tipo de mídia consomem?
- O que mais eles compram?
- Caso sejam da região, quais outras lojas costumam frequentar? Quais fornecedores utilizam?
- Quais são seus passatempos.

Reúna as respostas e identifique padrões. É aí que você deve estacionar seu furgão.

Você pode baixar uma planilha do Método da Bolinha de Gude para encontrar seus clientes ideais em www.JonathanGoodman.com/Marble.

Como derrotar Michael Jordan

Quer saber como derrotar Michael Jordan?

Com toda a certeza, você não joga basquete.

No auge, Michael Jordan era o melhor. Desafiá-lo significava perder. O equivalente de Michael Jordan para a Bolton Foods é a Costco, uma das maiores redes de varejo do mundo.

Em meu bairro, a Bolton Foods está derrotando a Costco disputando um jogo que a Costco não é capaz de disputar, isto é, jogando o próprio jogo, sendo o peixão em um laguinho, ou seja, sendo o Cara.

Apesar do que você vê na internet, a confiança construída por meio da comunidade, especificidade e familiaridade impulsiona as vendas, facilita-as e as torna mais lucrativas do que qualquer conteúdo, roteiro ou propaganda isoladamente.

O complicado quanto à confiança é que parece que nada está acontecendo até que, um dia, tudo acontece de uma vez.

Há algumas lições que podemos tirar daqui:

A primeira é se desapegar dos próprios pensamentos. Grande parte do que é importante para você é irrelevante para as pessoas para quem você vende.

A segunda é que, como a confiança é mais difícil de perceber do que a maioria das pessoas imagina, ela é mais lucrativa do que muitos supõem.

A terceira é que começar e expandir são dois jogos distintos. Quando você começar, otimize em busca do lucro. Existem diversos problemas que podem ser resolvidos com dinheiro, e muitos outros aparecem quando você não tem o suficiente.

Há muitas maneiras de fazer marketing e vender com tecnologia. No entanto, não é possível fazer todas elas. O jeito mais fácil pode ser tão simples quanto estacionar um furgão na rua.

A seguir, como trapacear (bem) no vinte e um.

CAPÍTULO 3

O sucesso não deveria
ser uma surpresa

História terrível, vida maravilhosa – Monstros de neon – Como trapacear (bem) no vinte e um – Como ligar os pontos de trás para a frente

As histórias de sucesso contra todas as probabilidades são compartilhadas como verdade absoluta. "Se eles conseguiram, você também consegue." Esses exemplos inspiradores são maravilhosos e podem ser bastante úteis.

O que também é útil é a consciência de que se surpreender quando algo funciona é uma coisa negativa.

As seleções filtradas de histórias de sucesso distorcem nossa realidade.

———

Um palestrante no palco conta a história inspiradora de um podcaster que, contra todas as probabilidades, fez grande sucesso. Supostamente, esse homem, um coach de vendas, tinha cinquenta ouvintes no primeiro ano e mal conseguia pagar as prestações de seu pequeno apartamento.

No quinto ano, ele tinha quinhentos ouvintes. E no sétimo ano, o programa decolou e teve 1 milhão de downloads. Que persistência! Que testemunho de acreditar em si mesmo, fazer o trabalho e seguir em frente contra todas as probabilidades.

Mas esse podcaster também trabalhou de graça durante seis anos.

E, sim, deu certo. Por isso estamos falando sobre ele. Mas também poderia não ter dado. Para a maioria, não dá. Prefiro falar a respeito disso.

A história dele foi compartilhada porque é digna de nota. Foi comentada porque foi um caso atípico.

Quanto mais inesperado o sucesso, maior a atipicidade e melhor a história. Embora possamos aprender algo com as atipicidades, é um erro esperar resultados semelhantes ao fazer as mesmas coisas. **As histórias de sucesso são visíveis; os fracassos são invisíveis. Os efeitos resultantes são uma combinação de pensamento otimista em excesso e erros de correlação/causalidade.**

O viés de sobrevivência presume que o sucesso conta toda a história e ignora os fracassos passados. Ninguém fala no palco sobre as pessoas que assumem riscos insanos, falham completamente e vivem suas vidas colhendo o fracasso absoluto que plantaram.

A única razão pela qual estamos ouvindo acerca de nosso herói é que seu sucesso foi inesperado.

As probabilidades eram desfavoráveis a ele.

Porém, decisões equivocadas ainda podem levar a resultados positivos. Afinal, uma chance de 95% de fracasso ainda tem 5% de chance de sucesso.

Em matemática, 20 x 1 é o mesmo que 1 x 20, mas na vida real, raramente é assim. Por exemplo, você pode aumentar o nível médio de riqueza de todos em um estádio de beisebol em 100 mil dólares simplesmente com a presença de Jeff Bezos na torcida. Como Rory Sutherland escreveu em *Alquimia*: "Um único valor atípico inesperado pode levar a uma distorção da realidade fora do normal." Devemos ter cuidado ao consumir histórias espetaculares.

O primeiro passo para desvendar a ilusão da atipicidade é entender o que caracteriza uma boa história. Após descrever todos os elementos a serem observados nas atipicidades, vou compartilhar um processo para você garantir sua própria boa sorte.

—

História terrível, vida maravilhosa

É incrível ouvir sobre alguém vencendo com as probabilidades contra si, mas uma parte significativa de mim sempre se pergunta: "Por que as probabilidades tinham que estar contra você?"

Luta, sacrifício e desesperança não são necessários para o sucesso. Eles são necessários para a história. Há uma diferença.

Os livros que retratam pessoas que tiveram sucesso (não este livro, mas a maioria deles) não celebram atipicidades porque são exemplos úteis; fazem isso porque vendem livros. A vida não é uma história, mas é por meio das histórias que falamos sobre a vida.

Como aprendemos com A Jornada do Herói, *de Joseph Campbell, no fundo, toda história segue a mesma estrutura de três partes. O Ato 1 é a preparação, na qual o personagem principal inicia uma jornada. O Ato 2 é o confronto, em que a luta se intensifica. O Ato 3 é a resolução, momento em que todos vivem felizes para sempre.*

As atipicidades que vencem criam narrativas envolventes. Por outro lado, muitas pessoas vencem sem adversidades. Nós simplesmente não ouvimos falar sobre elas.

Para uma história ser impactante, ela precisa ter três atos. Eu vou usar nosso herói do começo deste capítulo, o podcaster, para exemplificar cada um.

Ato 1 – Preparação

Os personagens principais são apresentados, e um "incidente incitante" os impulsiona para uma jornada.

Nosso herói começa um podcast em seu apartamento de um quarto.

Ato 2 – Confronto

Uma reviravolta leva a um desastre e crise, intensificando-se até que tudo pareça sem esperança.

Nosso herói luta para pagar suas contas. Ninguém está ouvindo seu podcast.

Ato 3 – Resolução

A recompensa, na qual todos vivem felizes para sempre.

Depois de seis anos, ele tem sua grande chance e viraliza, alcançando 1 milhão de downloads. A história termina. Nossos cérebros preenchem o resto, presumindo que agora ele está vivendo em uma ilha privativa, usando chinelos felpudos, cercado de top models, e consumindo um estoque interminável de caviar caríssimo.

Estima-se que os humanos tenham surgido há cerca de 300 mil anos. As primeiras pinturas rupestres remontam a 40 mil anos. Os primeiros sistemas de escrita parecem ter cerca de 4,6 mil anos, e a prensa móvel tem apenas 560 anos.

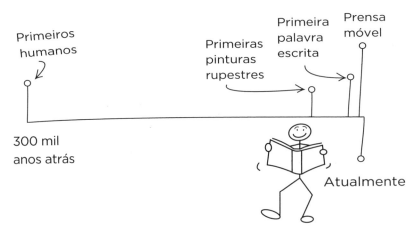

Durante 99,99% da história humana, o cérebro evoluiu para funcionar sem a ajuda da palavra escrita. Nossos cérebros não se desenvolveram para trocar mensagens entre si; eles evoluíram para contar histórias ao redor de fogueiras.

Simplificando, quase toda história segue essa estrutura de três atos. Na vida real, porém, o segundo ato é desnecessário; o conflito, o desastre e a desesperança não são requisitos para o sucesso; e o terceiro ato não existe, ou seja, não há "felizes para sempre".

Certa vez, Andy Warhol disse que: "Você pode estar assistindo à TV e ver Coca-Cola, e saber que o presidente toma Coca-Cola, Liz Taylor toma Coca-Cola, e pensar, você também pode tomar Coca-Cola. Uma Coca-Cola é uma Coca-Cola, e dinheiro nenhum pode dar uma Coca-Cola melhor para você." O que é verdade para a Coca-Cola também é verdade para a dura realidade da vida: que existe um dia e o dia seguinte. Quando esses acabam, outros dias virão, até que não venham mais.

É fato que algumas pessoas têm mais e outras menos. Apenas se lembre de que o mais ou o menos não é o que dá sabor a nossa experiência nesta terra. A vida é um caminho, e não um destino. Entre no carro e vá dar uma volta. Que tipo de carro? Não importa; todos têm que respeitar o limite de velocidade. Aventure-se. Divirta-se. Certifique-se de que sempre existe algo bonito para olhar pela janela.

É totalmente normal que não haja um livro escrito sobre sua vida. Até melhor. As pessoas não escrevem livros acerca de vidas plenamente vividas porque seguem fundamentos rotineiros que conduzem a resultados bons, mas enfadonhos. Basicamente, não geram boas histórias.

Pense nisso. Será que você leria um livro se esta fosse a premissa?

Ele acordou, foi ao banheiro, tomou café, alimentou as crianças e as levou para a escola. Depois, exercitou-se, tomou outro café e não se perdeu tentando fazer tudo perfeitamente, cumprindo algumas tarefas diárias bem escolhidas e satisfatórias. Quando terminou, comeu alguns vegetais, deu uma caminhada após o jantar em família, conversou com o vizinho, leu um livro, disse "eu te amo" para sua mulher (ele nunca se esquecia de dizer "eu te amo" para sua mulher) e foi dormir. Durante algumas décadas, ele não perdeu o foco e seguiu sua rotina mais ou menos repetidamente. Ao longo do tempo, ele se esforçou de maneira constante e satisfatória, e seus esforços resultaram em algo maior. Claro que existiram tempos difíceis, mas, no geral, ele se sentia feliz, saudável, amado e realizado. Funcionou para ele, e também vai funcionar para você!

Não é exatamente um material digno de estar na lista de best--sellers do *New York Times*. Ainda assim, é uma vida maravilhosa.

———

Monstros de neon

De 1995 a 2018, a Monster Beverage – fornecedora das melhores bombas de cafeína, cheias de açúcar e cores neon – foi uma das ações de melhor desempenho na Nasdaq. Durante esse tempo, a ação valorizou impressionantes 300.000%. Se você tivesse investido 10 mil dólares em 1995 na Monster, teria mais de 30 milhões de dólares em 2018.

Imagine como teria sido a vida possuindo essa ação durante sua valorização meteórica. Diariamente, abrindo o jornal, sorrindo com o monte de dinheiro que você (mais uma vez) ganhou, mandando seu chefe se danar quando você largasse seu emprego sem sentido, fazendo amor com sua mulher no meio do dia. Ah, se você pudesse voltar no tempo.

Mas também, durante sua ascensão meteórica da Monster, as cotações das ações ficaram abaixo do recorde anterior 95% do tempo. Em quatro momentos distintos, as ações perderam 50% de seu valor.

Eu não sou um especialista em finanças. Quando as pessoas me perguntam por que me tornei um personal trainer, digo em tom de brincadeira que a orientadora pedagógica do ensino médio pediu para eu contar até doze. Eu perdi a contagem no sete e disse a ela "mais três". Ela me entregou uma prancheta, uma calça de moletom e disse: "Vá em frente."

Se você também não é um especialista em finanças, aqui está o que o mencionado acima significa: a ação de melhor desempenho nas últimas duas décadas parecia estar indo mal 95% do tempo. Segundo o jornalista financeiro Morgan Housel: "O que agora parece uma história de sucesso garantido foi, em qualquer momento nos últimos vinte anos, uma história fácil de criticar."

Nada de mandar seu chefe se danar. Nada de largar seu emprego sem sentido. Nada de fazer amor durante o dia (bem, talvez um pouco, mas qualquer prazer vespertino teria sido irrelevante). Nada disso. Possuir a ação teria sido marcado por dúvidas e preocupações. Não há almoço grátis, mesmo que você tenha tido sorte ou, de alguma forma, soubesse em 1995 que as pessoas realmente iriam adorar imensamente consumir bombas de cafeína cheias de açúcar e cores neon.

Tim Kreider, articulista da revista *New Yorker*, escreveu: "A vida é uma aventura, e não um teste. Não há respostas corretas no final do livro; não conseguimos descobrir o que havia atrás da porta número dois; nem sequer sabemos se vencemos. Se você quer alguma garantia de que tudo vai dar certo e de que não terá arrependimentos, não é uma aventura o que você quer; é um parque temático."

As boas decisões nem sempre dão certo. Nosso mundo é bastante complexo e, portanto, imprevisível demais.

O sucesso é 50% sorte e 50% *timing*. Além, é claro, de inteligência e habilidade.

A pergunta óbvia que vem a seguir é como conseguir um pouco dessa sorte para nós.

Para encontrar a resposta, vamos agora dirigir nossa atenção ao professor de matemática americano que foi pioneiro em diversas aplicações modernas da teoria das probabilidades, incluindo a utilização de correlações muito pequenas em busca de ganhos financeiros confiáveis. Em resumo: ele derrotou o cassino.

———

Como trapacear (bem) no vinte e um

Edward Thorp administrou dois dos fundos de hedge mais bem-sucedidos de todos os tempos, criou o primeiro computador vestível para derrotar a roleta e desenvolveu o método original de contagem de cartas para ganhar no vinte e um.

Para mim, nenhuma dessas coisas é mais interessante do que sua estratégia de apostas quando ele sabia que tinha uma vantagem estatística. Thorp era excessivamente conservador. Ele descreveu sua abordagem em *Um Homem para Qualquer Mercado*, sua autobiografia:

Existiam duas abordagens principais que podíamos adotar quando jogávamos nos cassinos. Uma delas, que chamo de ousada, envolvia apostar o limite da mesa sempre que a vantagem do jogador excedesse uma pequena margem, digamos 1%. Em geral, isso resulta no maior lucro, mas as flutuações na riqueza podem ser violentas, sendo necessário um capital substancial para suportar grandes perdas.

Certo, isso é importante. Vamos tentar entender.

Imagine um esquiador profissional de descida livre. Quando ele é impetuoso, tem 20% de chance de vencer, mas também 20% de chance de sofrer uma queda e se machucar. Se ele se machucar, será eliminado da competição a partir daquele momento.

Em dez descidas, quantas você acha que ele vai ganhar?

A resposta não é "duas". Nem sequer uma.

Matematicamente, o esquiador arrojado vai ganhar 0,79 descida em dez. Como o número de descidas ganhas deve ser um número inteiro, teoricamente a resposta correta é zero.

Nós enaltecemos o arrojo quando ele dá certo, ignorando todas as vezes em que não dá. Aceitar um nível insano de risco é um preço a pagar que os atletas profissionais aceitam conscientemente, mas que eu sugiro que você ignore.

Os financiadores de Thorp o incentivavam a apostar alto sempre que ele tivesse vantagem. Ele recusava. Quando as probabilidades o favoreciam, ele aumentava suas apostas de forma conservadora, mas nunca se expunha ao risco de perder tudo.

Vamos supor que você tome uma ótima decisão, com 70% de chance de sucesso. Isso é uma probabilidade incrivelmente boa. Mesmo assim, três em cada dez vezes, você vai receber uma mão ruim. Não desista e, mais à frente, as chances de sucesso acabarão favorecendo você. As pessoas orientadas pelo espiritual se referem a essa virada da sorte como *karma*. Para mim, isso é matemática.

Manny, o financiador de Thorp, ficou impaciente com suas apostas conservadoras. Frustrado, ele se sentou à mesa ao lado de Thorp. Os dois usavam trajes especiais para evitar serem reconhecidos. Não estou inventando isso. A Las Vegas de antigamente era extravagante. Eis o que aconteceu em seguida, nas palavras de Thorp:

> Eu saquei o dinheiro e voltei lentamente para a mesa de jogo. Atônito, vi Manny, sentindo-se sortudo e recusando-se a parar, apostando novamente milhares de dólares. Para mim, o vinte e um era um jogo de matemática, e não de sorte. Qualquer sorte, boa ou má, seria aleatória, imprevisível e de curto prazo. A longo prazo, seria irrelevante. Manny não via dessa maneira. Quando tentei tirá-lo dali, ele gritou excitadamente: "Eu... não... vou... sair... deste... lugar!" Nos cerca de 45 minutos que levei para afastá-lo da mesa, ele perdeu os 11 mil dólares que havia ganhado. Mesmo assim, naquela noite, quando voltamos a nosso hotel com meus ganhos, estávamos com 13 mil dólares de lucro até aquele ponto da viagem.

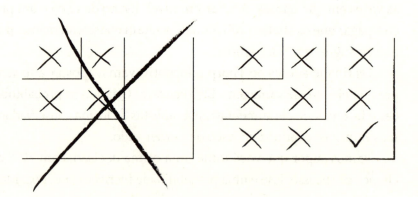

A única maneira de garantir a boa sorte é alterar as chances de sucesso a seu favor e permanecer no jogo tempo suficiente para que as probabilidades se realizem.

É impossível ganhar se você for eliminado do jogo. A curto prazo, a sorte é aleatória. A longo prazo, a sorte, como Thorp disse, é "irrelevante".

A cobiça é um jogo de curto prazo jogado por pessoas focadas no curto prazo. Apostar tudo, mesmo que você ache que as probabilidades estão a seu favor, costuma levar à ruína. Esopo tinha razão, ou seja, a tartaruga sempre vence a lebre.

—

Como ligar os pontos de trás para a frente

Como exemplo supremo de alguém excepcional, Steve Jobs disse: "Você não pode ligar os pontos olhando para a frente; você só pode ligá-los olhando para trás. Assim, precisa confiar que os pontos se ligarão de alguma forma em seu futuro."

Esta é uma ideia tão importante para assimilar que vou apresentar algumas outras citações, para você, de pessoas cujo trabalho resistiu ao teste do tempo.

De Daniel Kahneman, psicólogo comportamental e ganhador do Prêmio Nobel: "A ideia de que o futuro é imprevisível é solapada todos os dias pela facilidade com que o passado é explicado."

De Nassim Nicholas Taleb, autor de *A Lógica do Cisne Negro: O impacto do altamente improvável*: "Nós, seres humanos, nos enganamos ao formular explicações frágeis do passado e acreditar que são verdadeiras."

De Arthur Conan Doyle, no conto de *Sherlock Holmes* "O problema da ponte Thor": "É fácil ser sábio depois do acontecimento."

E finalmente, de Søren Aabye Kierkegaard, filósofo dinamarquês: "Entendemos a vida para trás, mas a vivemos para a frente."

É fácil prever as coisas depois que acontecem porque o cérebro humano não está preparado para compreender a complexidade do mundo moderno. Na tentativa de dar sentido a tudo, racionalizamos *a posteriori*, fabricando narrativas que suavizam as arestas da vida e assumindo padrões inexistentes.

Em retrospectiva, tudo parece óbvio. Na realidade, nada é tão simples no momento quanto a história faz parecer.

Ninguém sabe o que o futuro nos reserva. As pessoas que se tornam a Escolha Óbvia medem o sucesso com uma visão de longo prazo. Com os hábitos apropriados, elas alteram as probabilidades a seu favor e, com um horizonte temporal suficientemente longo, as probabilidades sempre se equilibram.

A Monster não é a exceção. Ela é a regra. Entre 2002 e 2018, o preço da ação da Netflix subiu 35.000%. Também foi negociada abaixo de seu valor máximo anterior em 94% desse tempo. Entre 2000 e 2002, a ação da Amazon perdeu 90% de seu valor. Em 3 de setembro de 2020, a Apple perdeu 180 bilhões de dólares em valor de mercado. E assim por diante.

A lição correta a ser tirada dos casos atípicos é que seu sucesso não segue uma linha reta; trata-se de uma maldita montanha-russa comandada por algum operador tomando um achocolatado sob o sol.

A seguir, vamos falar sobre as pessoas e as coisas que mais nos afetam e que a maioria de nós ignora.

CAPÍTULO 4

Resolva primeiro o que está a seu alcance

Cegos à verdade – A patota de Janet do bridge – Sem complicação – Quando blefar não resulta em ter sucesso – Conselhos de um bilionário – 200 dólares são 200 dólares que são 200 dólares

N ossa bolha nas redes sociais representa talvez 0,01% do que acontece no mundo que nos afeta e provavelmente mais próximo de 0,0000001% do que acontece no mundo em geral.

Claro que há ego envolvido. Porém, também é importante assinalar o fato óbvio, embora difícil de lembrar no momento, de que qualquer coisa que você vê naquele aparelho viciante em seu bolso é menos importante do que aquilo que não está nele.

—

Mujeres Movimiento é uma instituição beneficente que apoia mulheres vítimas de violência doméstica, em Sayulita, no México. A instituição as livra de situações difíceis e ajuda a torná-las independentes mediante a criação de pequenos negócios.

Minha mulher, Alison, e sua mãe decidiram arrecadar 10 mil dólares para comprar um furgão indispensável para elas, por meio de diversas iniciativas, incluindo a fabricação e venda de brincos.

Alison fez fotos incríveis das joias e comentários sobre a causa, postando tudo isso para seus 1,6 mil seguidores do Instagram e 3,4 mil amigos do Facebook. "Pague o quanto puder. Qualquer ajuda é bem-vinda", ela escreveu.

Nenhuma resposta.

Talvez fosse algo nas fotos, ela pensou.

Assim, Alison tirou fotos melhores, reescreveu a história e voltou a postar.

E novamente, nenhuma resposta.

Então, ela enviou mensagens pessoais para dez amigas e ex-colegas. Oito das dez responderam e compraram brincos. Uma delas lhe enviou 500 dólares. E algumas até disseram: "Sabe, acho que vi algo a respeito disso no Instagram."

Por meio da venda dos brincos e de algumas outras iniciativas, o Mujeres Movimiento conseguiu comprar um furgão. A instituição deu início a quarenta e sete programas de criação de empregos na região da Baía de Banderas, e o número continua a crescer.

Postar na internet e rezar para El Zucko,* o deus das redes sociais, esperando que alguém preste atenção, responda e faça perguntas para comprar seu produto, não funciona.

Esconder-se atrás do teclado tentando criar a mensagem perfeita não funciona.

O Marketing de Evitação Humana *não funciona*.

Sempre que alguém me pede um conselho, porque está enfrentando dificuldades para vender no início de sua jornada, eu respondo com uma pergunta: "Você falou com quantas pessoas hoje?"

---

* El Zucko é uma referência irônica a Mark Zuckerberg, fundador do Facebook (agora Meta). (N. T.)

Cegos à verdade

Da estrada, é impossível não perceber a enorme academia de 10 mil metros quadrados. Vinte mil pessoas pagam caro para treinar lá. A gestão me contratou para ajudar a equipe de vinte professores em dificuldades.

Jenny, de estatura média, cabelo loiro, legging preta e regata azul – o traje padrão de uma personal trainer – levantou a mão para fazer uma pergunta:

— Muitos de nós estamos tendo dificuldades para conseguir alunos. Você tem algum conselho para melhorar nosso desempenho nas redes sociais?

A academia tinha 20 mil membros pagantes. Um personal precisa de vinte alunos treinando de uma a três vezes por semana para ter uma agenda cheia. Em geral, evito fazer contas em público, mas essa é fácil: Jenny precisa converter 0,1% dos membros existentes em clientes de um personal trainer.

E mesmo assim, a pergunta dela me mostrou que ela achava que a única maneira de gerar negócios era convencer pessoas aleatórias na internet a comprar.

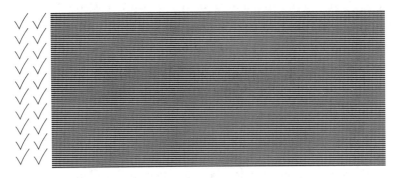

De 20 mil membros pagantes, Jenny só precisava de vinte clientes. A maioria das pessoas já tem clientes em potencial mais do que suficientes na vida real. Olhe para lá primeiro antes de tentar impressionar a internet.

Jenny me mostrou o celular e me falou sobre sua estratégia de postagens. A conta dela possuía 5 mil seguidores e 1.350 postagens. A página estava muito bem formatada, com um estilo e seleção de cores bem definidos, apresentando uma variedade de receitas, dicas de preparação de refeições e demonstrações de treinos.

— O que posso melhorar em meu Instagram para conseguir mais clientes? — ela perguntou.

— Você já conseguiu algum cliente pelas redes sociais? — questionei.

— Não — ela respondeu.

Fiz uma pausa para deixar o silêncio tomar conta da sala.

Para mim, é impossível saber quanto tempo Jenny havia dedicado a sua conta; facilmente, centenas de horas, talvez milhares. E ela não tinha conseguido um único cliente com isso. Apesar de tudo, Jenny permanece convicta de que há algum segredo que está deixando escapar. Que o problema reside no conteúdo dela. Que o Instagram é o caminho para conseguir clientes. Que se ela simplesmente se dedicar um pouco mais a suas redes sociais, ela vai desvendar o segredo.

Nas palavras de Morpheus, em *Matrix*, as redes sociais são "o mundo que foi colocado diante de seus olhos para ocultar a verdade".

Isso nos leva a acreditar que se descobrirmos como atrair a atenção de estranhos na internet, o dinheiro virá em seguida. **Embora possa haver alguma sobreposição, publicar conteúdo sem parar no vazio, na tentativa de ficar famoso na internet, é uma maneira bastante ineficiente de construir um negócio.**

Sob vários aspectos, *Matrix* não é um filme de ficção. É um documentário.

———

Dei uma volta pela academia antes da reunião. Centenas de pessoas treinavam. Apenas dois professores estavam com os clientes. Nenhum outro funcionário estava presente. Trinta minutos depois, todos os vinte professores se materializaram no recinto. Onde eles estavam?

Acontece que muitos deles estavam na sala de descanso com a porta fechada, navegando nas redes sociais e criando conteúdo enquanto esperavam por nossa reunião sobre captação de clientes em potencial e vendas. Enquanto isso, do lado de fora da porta deles, centenas de possíveis clientes estavam sendo ignorados.

Muitas pessoas afirmam que querem ser influenciadoras, mas a verdade é que elas seriam mais felizes com uma vida simples, impactando a vida de seus clientes, ganhando bem e curtindo seu tempo livre com a família e os amigos.

Mas as pessoas são diferentes.

Algumas querem trabalhar duro e causar o maior impacto possível, e outras se contentam em fazer seu trabalho em seu cantinho tranquilo do mundo. Nenhuma das pessoas está certa nem errada.

A verdade universal é que ninguém que você não conhece ficará impressionado se você ignorar as redes sociais e se concentrar em seres humanos da vida real por um tempo. Em nosso mundo às avessas, o que é ruim para nosso ego costuma ser ótimo para nosso bolso.

É bem verdade que o exemplo de Jenny é extremo. A maioria dos negócios não conta com 20 mil clientes pagantes à disposição. No entanto, o conselho é o mesmo: antes de tentar impressionar pessoas que você nunca viu (e que não dariam a mínima por causa disso), abra a porta.

Fiz uma última pergunta para Jenny:

— O que você acha que é mais valioso para seu negócio: 5 mil pessoas aleatórias ao redor do mundo que meio que ouviram falar de você, ou vinte pessoas endinheiradas e bem relacionadas que já estão no prédio neste exato momento?

A sala ficou em silêncio. Para aqueles personal trainers em dificuldade, a resposta se tornou óbvia.

Eu acho que, em segredo, eles sabiam o que deveriam ter feito o tempo todo.

———

A patota de Janet do bridge

Minha mãe foi convidada por uma amiga para a aula de fitness de Janet. Ela me disse que o grupo era – isso foi realmente engraçado – uma "patota".

Janet está na casa dos 40 anos e começou a jogar bridge no clube local. No acontecimento mais previsível de todos, ela era a mais jovem lá. E devido a sua visível boa forma, o papo na mesa passou a ser sobre fitness.

O contraste entre Jenny da história anterior e a abordagem de Janet propicia um estudo de caso útil a respeito de Escolha Óbvia.

Todo o negócio de fitness de Janet foi construído a partir daquele clube de bridge. Funciona por meio de um grupo de WhatsApp, composto por mais de cinquenta mulheres locais, com idades entre 50 e 75 anos.

Janet não usa e-mail, e muito menos tem uma conta nas redes sociais. O grupo de WhatsApp organiza aulas de atividade física, e as participantes utilizam o mesmo grupo para agendar encontros, como jogos de bridge. Janet não faz nenhum marketing; suas clientes convidam outras mulheres para ingressar na… ah, nossa, tudo bem, vou dizer, "patota".

Só porque você pode conseguir um cliente na internet, não significa que seja necessário.

Para seu resultado financeiro, não importa se os clientes moram a um quarteirão de distância ou se passam os finais de semana tomando mate em Pocitos, um bairro à beira-mar de Montevidéu, no Uruguai. A única diferença é que **quanto mais distante a conexão, mais difícil é conseguir clientes, mantê-los e obter indicações.**

A afinidade é uma relação que se constitui quando as pessoas se sentem conectadas porque moram perto, possuem um interesse comum, compartilham uma afiliação religiosa ou qualquer um dos mil outros pontos em comum que nos aproximam mutuamente.

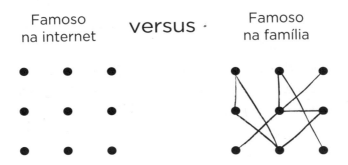

Quando os membros de sua comunidade estão próximos uns dos outros (seja física ou metaforicamente), a afinidade compartilhada resulta em conexões aprimoradas, o que leva a mais indicações e retenção por meio da comunidade. Por outro lado, trabalhar com uma base de clientes desconectada, geralmente por meio da internet, impõe tratar cada cliente de forma independente. Além disso, há menos forças internas que os mantêm próximos.

Uma indicação de um estranho é ignorada. A mesma indicação de um estranho que, por acaso, faz parte do mesmo grupo de confiança ao qual você pertence é algo a ser conferido.

Janet é dona de um negócio fabuloso e humilde. Ela está fazendo a diferença. Ela não é rica, mas tem o suficiente. E eu não tenho certeza disso, mas aposto que ela recebe bolinhos de limão recém-assados, feitos com carinho, o tempo todo.

Fazer um trabalho incrível em sua comunidade e ganhar um sustento modesto, mas suficiente, para poder voltar para casa no final do dia e encontrar um cônjuge amoroso, algumas guloseimas fresquinhas e um bom livro parece estranho em nossa cultura moderna de correr atrás, onde dizem que, se você não está progredindo, não está fazendo o suficiente. Porém, para muitos de nós, esse estilo de vida é atraente.

Sem complicação*

Daniel Breez é um contador que possui um mercado minúsculo.

Ele é especializado em prestar serviços para coaches que moram em Ontário, no Canadá, cobram em dólares americanos e vendem pacotes de alto valor para clientes internacionais.

A trajetória de Daniel começou de modo convencional, como contador em uma empresa, antes de aceitar um cargo como gerente financeiro de uma empresa de cosméticos. Paralelamente a seu emprego em tempo integral, ele passou a atender alguns clientes particulares. Um deles era um coach.

Ele ensinou a essa pessoa como deduzir despesas, cobrar e remeter os impostos sobre vendas apropriados, e converter dólares americanos para canadenses com uma taxa mais favorável do que a taxa de câmbio abusiva oferecida pelo banco dele.

Daniel fez seu cliente economizar milhares de dólares. O cliente ficou empolgado e apresentou Daniel a seu coach de negócios, que convidou Daniel para dar uma palestra ao grupo.

Há um ditado que diz que "a riqueza está nos nichos". Quando você está concentrado em atender a um grupo específico de pessoas com necessidades específicas, pode rapidamente se tornar a Escolha Óbvia, ajustando seu marketing e produto às necessidades específicas de maneira que os concorrentes maiores não são capazes.

Eis mais alguns exemplos:

Se você é orientador pedagógico, especialize-se em ajudar jovens a ingressarem nas universidades. Você vai saber em que escolas criar uma rede de contatos, vai entender os requisitos corretos para preparar os alunos e vai estabelecer conexões nas universidades.

---

* Há um trocadilho intraduzível entre o título original dessa seção (*breezy*, em inglês) e o nome da pessoa mencionada pelo autor (Daniel Breez). (N.T.)

Se você presta serviços de jardinagem, concentre-se em bairros estratégicos. Torne-se conhecido por organizar mutirões de limpeza em parques com voluntários e por estacionar seus veículos personalizados com a logomarca da empresa nas ruas sempre que não estiverem em uso. Ao conhecer bem o bairro, você vai conseguir fornecer orçamentos com rapidez. Além disso, seus lucros serão maiores se suas equipes puderem atender diversas casas próximas umas das outras.

Se você oferece serviços de fitness, só trabalhe com esposas de militares com filhos recém-nascidos, que passaram por pelo menos uma cesariana e que moram atualmente em uma base. Você vai saber onde encontrá-las, quais palavras têm apelo, quais problemas abordar ao criar conteúdo, e como desenvolver sua programação e seus sistemas de apoio. Ao trabalhar com um tipo específico de cliente, também vai conseguir converter em produto e operacionalizar seus serviços com mais rapidez em busca de expansão.

Em seis meses, Daniel tinha uma clientela grande o suficiente para deixar seu emprego de gerente financeiro em tempo integral e começar uma microempresa.

———

Quando blefar não resulta em ter sucesso

A melhor maneira de garantir que você não atende ninguém é dizer que você atende a todos. Contrariamente ao esperado, quanto mais pessoas você excluir, melhor.

Acabei de fazer uma busca no Google a respeito de "contador para personal trainers". O primeiro resultado foi o site de uma empresa australiana, de propriedade de uma mulher chamada Linda.

O lema oficial dela é "Estratégias e Soluções Empresariais". Isso não me diz muito. Dei uma olhada no site dela e encontrei uma aba que enumera os setores atendidos. Estou prestes a listar tudo o que estava lá. Por favor, não leia o resto deste parágrafo. Pule a próxima seção. Após este grande bloco de texto, há um espaço. Depois desse espaço, o livro continua. Pule tudo até o próximo espaço. Novamente, não leia isto. Por favor, pare de ler. Isso está sendo penoso. Tudo bem, eu avisei. De acordo com o site, aqui estão todas as áreas nas quais Linda é "especializada": construtores e profissionais afins, incluindo encanadores, eletricistas e carpinteiros; músicos e artistas plásticos; cabeleireiras e barbeiros; restaurantes e bares; cafés e cafeterias; esteticistas e manicures; prestadores de serviços de corte de grama; paisagistas; artesãos; franqueados e franqueadores; varejistas; médicos; academias e personal trainers; banho e tosa de *pets*; corretores de imóveis; *pet shops*; floriculturas; motéis; mecânicos de carros; agentes de viagem; empresas de limpeza; importadores; massoterapeutas e centros de bem-estar; consultores de TI e tecnologia; agentes de crédito imobiliário; industriais; hotéis e bares. Você ainda está aqui? Espero que você não tenha lido tudo isso. Mas se leu, desculpe-me, e quero compensar com uma piada: existe um restaurante indiano supersecreto. É tão secreto que você precisa assinar um contrato legal antes de comer lá. O restaurante chama isso de "*naan* disclosure agreement" (uma brincadeira com a expressão non *disclosure agreement* – acordo de confidencialidade, fazendo um trocadilho entre a palavra non e *naan*, ou seja, o pão indiano). Hahaha. Certo, vamos em frente.

Talvez o mais interessante acerca de tudo isso seja o fato de que Linda provavelmente presta um serviço contábil excelente para donos de academia e personal trainers. Mas devido à maneira como ela faz o marketing, ela não é a Escolha Óbvia, e precisa trabalhar mais e gastar mais dinheiro para conseguir clientes.

Por outro lado, Daniel administra um pequeno, próspero e muito lucrativo escritório de contabilidade, otimizado para seu estilo de vida. Ele não faz nenhum marketing. Daniel nem sequer tem um site. Os novos clientes preenchem um formulário no Google.

Quanto mais precisa for sua meta, mais clara é sua visão, mais simples é a execução e maior é sua margem de lucro.

Isso ocorre porque, como consumidores, atribuímos mais valor a um serviço que faz uma única coisa do que o mesmo serviço que faz a mesma coisa e mais alguma outra coisa.

Até aqui, pode parecer que estou defendendo a ideia de se acomodar. De aceitar a mediocridade. De não correr atrás. Mas e se você tiver grandes esperanças e sonhos?

—

Conselhos de um bilionário

Não sou um bilionário. Meus negócios não vão mudar o mundo. Por outro lado, Peter Thiel é membro do clube dos bilionários. Curiosamente, seu conselho para empreendedores que querem causar um grande impacto é tanto pensar pequeno quanto começar pequeno.

Cofundador e o primeiro investidor do Facebook (atualmente Meta), Thiel disse em uma palestra que deu na Universidade de Stanford: "Quando você está começando uma empresa, está começando pequeno, e quer conquistar rapidamente uma grande fatia de seu mercado." Em seu livro *De Zero a Um*, ele escreveu: "As empresas de maior sucesso realizam uma progressão fundamental: primeiro, dominam um nicho específico, e depois expandem para mercados adjacentes."

O PayPal começou com 30 mil vendedores de destaque no eBay.

O Facebook começou com 10 mil alunos de Harvard.

Phil Knight começou a Nike vendendo tênis de corrida no porta-malas de seu Plymouth Valiant em competições de atletismo nos finais de semanas.

Daniel Breez, que mencionamos anteriormente, começou como contador para coaches fitness online caros em Ontario. Ele levou seis meses para conquistar uma fatia dominante do mercado. Em seguida, expandiu sua microempresa para atender a todos os coaches caros na província. O que ele fará a seguir? Temos que esperar para ver. Porém, ele está em uma posição ideal.

Dominar mercados pequenos leva a triunfos maiores.

A melhor maneira de implementar uma ideia tão grande que poderia mudar o mundo é começar tornando-se a Escolha Óbvia para um pequeno grupo de pessoas. Ao resolver primeiro o que está a seu alcance.

Um último exemplo...

E quanto aos modelos de negócios com restrições que, como pequenas empresas, tornam-se de difícil operação desde o início?

200 dólares são 200 dólares que são 200 dólares

A Love Your Centre (www.loveyourcentre.ca) é uma empresa especializada em limpeza, acabamento e restauração.

Trata-se de uma operação de grande porte que requer muito espaço, manuseio de produtos químicos, infraestrutura de coleta e entrega e um grande orçamento para publicidade. O negócio de limpeza pesada é impossível de funcionar em pequena escala. O modelo de negócios não é viável.

Nada disso muda o fato de que ser um vencedor indiscutível em um mercado pequeno é o negócio mais fácil de crescer e o mais lucrativo de se administrar. A Love Your Centre descobriu o "código secreto" ao lançar doze marcas distintas.

Love Your Rug (Ame sua passadeira)	Love Your Leather (Ame seu couro)
Love Your Carpet (Ame seu carpete)	Love Your Shoes (Ame seus sapatos)
Love Your Tailor (Ame seu terno sob medida)	Love Your Dress (Ame seu vestido)
Love Your Purse (Ame sua bolsa)	Love Your Coat (Ame seu casaco)
Love Your Luggage (Ame suas malas)	Love Your Duct (Ame sua tubulação)
Love Your Hockey Equipment (Ame seu equipamento de hóquei)	Love Your Drapery (Ame sua cortina)

Cada marca tem sua própria versão de um site padrão, otimização para mecanismos de busca, número de telefone e anúncios pagos.

O equipamento de hóquei usado tem um cheiro de esgoto misturado com raticida que ficou mofado após ser deixado na chuva. Apesar da demanda por limpeza, a sazonalidade, em combinação com o custo de administrar um serviço de limpeza de equipamento de hóquei, são problemas difíceis de serem superados.

Ter um processo para limpar o equipamento em um galpão de limpeza pesada faz sentido para a logística e a eficiência operacional. Para o marketing, nem tanto.

Outra coisa que encontrei durante minha pesquisa. Confira isso.

A Love Your Centre tem até um serviço de restauração da linha de tênis Air Jordan dentro do subnicho Love Your Shoes. Genial.

Todo dinheiro tem o mesmo valor: 200 dólares são 200 dólares que são 200 dólares. É irrelevante se o cliente veio como resultado de uma marca satélite ou da marca principal. A estratégia de promover a marca Love Your Hockey Equipment (e outras) como marcas separadas foi um truque simples realizado pela Love Your Centre que a tornou a Escolha Óbvia para diversos mercados adjacentes.

Uma vez contratados os serviços, o mesmo caminhão pega uma ampla variedade de itens: uma passadeira de uma casa, uma bolsa de outra e o equipamento de hóquei da última, transportando-os para a mesma instalação de limpeza.

—

Resolver primeiro o que está a seu alcance significa construir a partir de seus pontos fortes, sem limitar sua visão.

Você precisa conseguir fazer algo que os outros não conseguem ou não estão dispostos a fazer. O conselho de Thiel é encontrar um mercado que ainda não seja disputado acirradamente por concorrentes de peso. Um mercado que você possa conquistar com poucos recursos, simplesmente porque está disposto a se concentrar nele, e os outros não estão.

Em vários casos, isso significa um nicho em uma categoria mais ampla que os líderes não estão atendendo bem. Depois, com o tempo, quando você conseguir mais recursos, poderá expandir estrategicamente para mercados adjacentes, se desejar.

Em primeiro lugar, pense no que você faz de maneira geral. Depois, pense em um cliente específico que você teve e como você adaptou um pouco seu produto ou serviço para ele. Você consegue expandir isso? Você consegue transformar essa variação única em um foco?

—

Tudo bem querer mudar o mundo.

E tudo bem também não querer mudar o mundo.

De qualquer maneira, se você quer se tornar uma Escolha Óbvia, comece resolvendo primeiro o que está a seu alcance.

A seguir, a única coisa que você pode fazer e o que os computadores não conseguem – e nunca conseguirão.

CAPÍTULO 5

A tecnologia muda;
os seres humanos, não

*Humanos virtuais – O demônio da impressão –
O problema da parada – O poder de não fazer sentido*

O problema com a inovação tecnológica não é que ela não funciona. O problema é que ela funciona da mesma forma para todo mundo.

O que parece melhorar a capacidade de expansão, aumentar a qualidade da produção e alcançar resultados é o aumento da concorrência e a comoditização. Se você consegue fazer, todo mundo consegue. O problema piora a cada nova ferramenta que *temos que* usar senão ficamos de fora.

Os computadores prosperam quando são eficientes. As pessoas prosperam quando são estrategicamente (in)eficientes.

A experimentação é o segredo para o sucesso. A exploração sem rumo é o caminho para a descoberta.

Quanto mais difícil for descobrir de onde veio nossa perspectiva específica, melhor. Você está buscando algo que deixe o cabelo em pé, cause arrepios e instigue um "caramba, de onde saiu isso"?

—

Em 2022, eu queria contratar um especialista em jardinagem e horticultura urbana.

Em busca de ajuda, perguntei para o grupo de nossa comunidade no Facebook se alguém tinha alguma indicação. Ninguém tinha. Uma pessoa recomendou o site TheSpruce.com. O banner no topo do site oferecia 2 mil projetos passo a passo.

Até então, tudo o que eu sabia sobre jardinagem era que envolvia o uso de terra.

Estima-se que a internet armazena 44 trilhões de gigabytes de dados. Se você quisesse baixar tudo, levaria 40 bilhões de anos. Um número dessa magnitude é impossível de compreender. Para contextualizar, a Terra tem cerca de 4,5 bilhões de anos.

O excesso de informações é um problema impossível de superar. E está piorando exponencialmente. O resultado paradoxal referente ao conteúdo infinito é que ele se torna mais difícil de usar.

"Em um mundo mergulhado em informações irrelevantes", o historiador Yuval Noah Harari disse na frase inicial de seu livro *21 Lições para o Século 21*, "clareza é poder". Harari continua: "A censura funciona não por meio do bloqueio do fluxo de informações, mas sim por meio do bombardeio das pessoas com desinformação e distrações." Quando estamos sobrecarregados, nós nos refugiamos na segurança do que já acreditamos ser verdade.

Sem saber que espécie de vegetais eu queria cultivar, como avaliar a qualidade de meu solo, ou até mesmo que qualidade de solo era relevante, meus pensamentos essenciais ao navegar pelo site da *The Spruce* eram, mais uma vez: "Não dá para perder tempo com isso."

Como ninguém de confiança soube me indicar um especialista, fechei o site e pesquisei na internet "coach de jardinagem e horticultura urbana em Toronto". Apareceram alguns sites. Eu não os li. Como eu poderia avaliá-los? Então, preenchi os formulários e pedi informações. Depois, encontrei uma conta no Instagram, ignorei as postagens e enviei uma mensagem.

Todos responderam, vieram a minha casa e enviaram orçamentos. Eu não sabia como compará-los e escolhi a pessoa de quem mais gostei. Luay Ghafari apareceu dois dias depois para analisar o solo e a luz que chegava ao terreno, e discutir um cronograma de plantio.

—

"As mentes mais brilhantes de minha geração estão pensando em como fazer as pessoas clicarem em anúncios", Jeff Hammerbacher disse no livro *Chaos Monkeys*. Hammerbacher liderou a equipe de dados do Facebook. Ele destaca que as mudanças tecnológicas estão ocorrendo rápido demais.

O conteúdo é extremamente avassalador. Os algoritmos são misteriosos. As forças que atuam contra você são absurdas. Com certeza, você ficará para trás se tentar se manter atualizado. Além disso, é exaustivo. Acompanhar o que quer que os aproveitadores do Vale do Silício decidam lançar esta semana não é a maneira como eu quero viver.

Primeiro, precisamos falar sobre confiança na internet. A partir daí, vamos abordar a questão de como se destacar em um mar de mesmices. E vamos concluir com a única coisa que você deve fazer para prosperar em um mundo orientado por algoritmos, por mais avançados que eles se tornem. Vamos começar.

—

Humanos virtuais

Quando Jon Stewart desafiou Jim Cramer, o apresentador do programa *Mad Money*, da CNBC, sobre os erros, as informações contraditórias e as previsões insanas que ele faz constantemente, Cramer disse: "Veja, temos dezessete horas de TV ao vivo por dia para fazer."[1]

Ao que Stewart respondeu: "Talvez você pudesse cortar um pouco isso." Mas Cramer não pode, evidentemente.

A internet precisa de alimentação constante. Eu não confio mais nela. Os dados mostram que não estou sozinho.

Conforme o Estudo de Confiança na Publicidade de 2021, realizado pelo instituto de pesquisa Nielsen, 88% das pessoas confiam em recomendações de alguém que conhecem (boca a boca). Em contrapartida, apenas 23% das pessoas confiam em propaganda de influenciadores.

—

A confiança na mídia digital está diminuindo a uma velocidade alarmante. Isso vai continuar.

As redes sociais se autoalimentam por meio de divisões e extremismos. Ciclos rápidos de notícias estão em ação 24 horas por dia, 7 dias por semana, resultando em alegações sem fundamento que acabam sendo aceitas erroneamente como fatos. A inteligência artificial pode gerar conteúdos completos de blogs, atualizações de redes sociais e roteiros de vídeo em uma fração de segundo.

Ah, e já existem influenciadores gerados por inteligência artificial com inúmeros seguidores.

Os anunciantes estão migrando para esses avatares porque, como afirma um artigo que li: "Eles garantem uma experiência sem contratempos para os anunciantes em uma época de escândalos de celebridades e polêmicas envolvendo influenciadores. Uma imagem humana de IA é projetada com perfeição até o último fio de cabelo de sua cabeça."[2]

Em uma entrevista para o site *Bloomberg*, o fundador da Virtual Humans disse: "Os influenciadores virtuais são mais baratos para trabalhar a longo prazo do que os humanos, são 100% controláveis, podem aparecer em muitos lugares ao mesmo tempo e, acima de tudo, nunca envelhecem ou morrem."[3] Você não consegue competir. Nem eu.

A TECNOLOGIA MUDA; OS SERES HUMANOS, NÃO

As reputações dos seres humanos reais (é estranho ter que definir um humano como "real") também não são imunes à inteligência artificial. Na semana passada, assisti a um vídeo com dois dos maiores influenciadores da área de saúde do mundo, Joe Rogan e Andrew Huberman, conversando entre si e recomendando uma pílula para aumentar o pênis.[4]

Inicialmente, eles falaram sobre o problema de confiança dos jovens com pênis pequenos, depois a respeito dos incríveis avanços científicos referentes à genitália, e terminaram com a informação sobre onde comprar o frasco de pílulas, passo a passo, lendo o nome do site em voz alta.

Como talvez você já deva ter adivinhado, o vídeo não era realmente com Rogan e Huberman; era um *deepfake* feito sem a permissão deles, como um experimento social *dessa vez*. A inteligência artificial substituiu os lábios e as vozes deles.

Atualmente, um dos dez principais podcasts da área de saúde não é lido por um humano. A equipe por trás do programa de Arnold Schwarzenegger passou meses treinando um motor de IA com a voz dele. Agora, essa máquina consegue ler de forma realista qualquer coisa dele. Quão boa é essa tecnologia? Disseram-me que o próprio Exterminador do Futuro não consegue perceber a diferença entre sua voz e a gerada pela máquina.[5]

Arnold está usando essa tecnologia para o bem. Trata-se de uma maneira para ele agregar alavancagem e ajudar mais pessoas a se manterem em forma. Porém, não é difícil perceber como a mesma tecnologia pode ser usada para fins nefastos.

Se sua equipe consegue treinar um motor de IA, qualquer outra pessoa também pode. Há milhares de horas de áudio e vídeo de Arnold disponíveis gratuitamente. Bastaria que alguém mal-intencionado alimentasse isso em uma máquina e ensinasse à IA seus padrões, sotaque e entonações de fala.

Por exemplo, o que impediria alguém de usar essa mesma tecnologia para divulgar suplementos não testados para jovens facilmente influenciáveis? O que, aliás, já está acontecendo.

Em 22 de fevereiro de 2024,[6] o primeiro grande processo judicial foi instaurado por um influenciador (Huberman) contra uma empresa mal-intencionada chamada A&D Performance por usar um *deepfake* para divulgar os suplementos Turkesterone, Tongkat Ali e Fadogia Agrestis.

A A&D Performance pegou um áudio de Huberman do podcast de Joe Rogan e usou inteligência artificial para *modificar* o que ele estava dizendo.

É descarado. O processo foi encerrado em 12 de abril de 2024, mas eu suspeito que o problema ainda esteja longe de ser resolvido. Aonde isso vai parar? Essas empresas são sediadas no exterior, tornando os processos judiciais um pesadelo dispendioso, e quando uma delas for desativada, cinquenta outras terão surgido.

A ética não é a questão. Se o que está acontecendo é bom ou mau (ou legal) é irrelevante.

A questão é que não há como controlar isso. A caixa de Pandora foi aberta.

A questão é que não há maneira de policiar isso. Está indo rápido demais.

A questão é que a confiança online está rapidamente se aproximando de zero.

É totalmente justificável e não há nada de novo em temer a inovação tecnológica. O futuro é cheio de incertezas, e o desconhecido sempre será assustador. Parte de mim quer fugir para uma floresta remota com um saco de Papai Noel repleto de armas, ouro, bitcoin e sementes, mas então me lembro de duas coisas:

1. Eu sou canadense, então não faço ideia de como segurar uma arma.

2. No século XV, as pessoas achavam que a impressão de livros era obra de bruxas e demônios.

—

O demônio da impressão

A resposta inicial à prensa móvel de Johannes Gutenberg foi... mista.

No começo, seu parceiro financeiro, Johann Fust, utilizou a prensa para vender cinquenta exemplares da Bíblia e foi preso sob acusações de bruxaria.[7] Na mesma época, os escribas de Paris temiam a perda dos empregos e entraram em greve. Os aprendizes de tipografia ficaram conhecidos como os "demônios da impressão". Alguns foram assassinados.

Desde que os homens começaram a inventar novas ferramentas e tecnologias, sempre houve preocupações a respeito de como elas os afetariam.

O filósofo grego Sócrates alertou que a escrita "introduziria o esquecimento na alma daqueles que a aprendessem".

Havia receio de que os telefones destruíssem o tecido social ao suprimir a necessidade das pessoas de se encontrarem pessoalmente.

A rádio, e depois a TV, fariam lavagem cerebral em todos.

Apesar da resposta inicial negativa, apenas cinquenta anos após a invenção da prensa móvel, os benefícios ficaram evidentes. Considere o que o autor alemão Sebastian Brant disse no ano de 1500:

"Em nosso tempo, graças ao talento e industriosidade dos renanos, os livros surgiram em grande quantidade. Um livro que antes teria pertencido apenas aos ricos – aliás, a um rei – pode agora ser lido sob um teto modesto. [...] Não há nada hoje em dia que nossos filhos [...] deixem de saber."[8]

"A história nunca se repete", segundo o historiador francês Voltaire, "mas o homem sempre se repete". Ao longo da história, quase toda inovação tecnológica foi recebida com a mesma resposta, ou seja, uma combinação de medo do desconhecido e preocupações sobre perdas de emprego.

Em retrospecto, os benefícios são evidentes. Sem a prensa móvel, você só estaria lendo este livro se fosse um rei (nesse caso, bom dia, vossa majestade). Na época, porém, a invenção de Gutenberg os deixou apavorados.

A ilusão do fim da história, de acordo com Daniel Gilbert, psicólogo de Harvard, indica que temos a tendência tanto de aceitar que as coisas mudaram no passado quanto de agir como se não fossem mudar no futuro.[9]

Talvez seja por isso que, no momento – já que o único momento em que realmente estamos é este –, nada nunca parece bobo.

Porém, depois que o momento passa e estamos em um novo momento, e sabemos agora o que sabemos, percebemos o quão pouco realmente sabíamos. Sempre foi assim. Sempre será assim.

Sempre que há uma disrupção tecnológica, penso nisso como se fosse o começo do inverno, quando está frio lá fora e o sol começa a se pôr às cinco da tarde. Você pode passar o tempo olhando pela janela e ficando triste, ou pode convidar os amigos, tomar chocolate quente, assistir a filmes horríveis e zombar do quanto eles são chatos. Ambas são maneiras de lidar com a mudança das estações, mas uma é ótima e a outra é uma porcaria. No fim das contas, nossa resposta às coisas fora de nosso controle é nossa escolha.

—

A consultoria McKinsey estima que 800 milhões de trabalhadores em todo o mundo podem perder seus empregos e serem forçados a encontrar novas funções até 2030.[10] A grande onda de pedidos de demissão está em andamento.

É algo bom. A tecnologia não elimina empregos, mas os transforma. A inovação traz um novo tipo de oportunidade.

Vamos voltar à história que abriu este capítulo. O modelo de negócio do futuro referente à Escolha Óbvia vai consistir em pessoas como eu, que querem cultivar mais vegetais, contratando pessoas como Luay, que, neste momento, deixou seu emprego em uma grande multinacional para satisfazer sua paixão pela jardinagem e horticultura urbana em tempo integral.

Luay cobra 175 dólares por hora devido a sua expertise única. Com essa remuneração, ele só precisa trabalhar 11,5 horas por semana, em média, para ganhar 100 mil dólares por ano.

Com esse tempo livre recém-adquirido, ele grava vídeos, faz trabalho voluntário em hortas comunitárias e publicou um livro de receitas chamado *Seed to Table: A Seasonal Guide to Organically Growing, Cooking, and Preserving Food at Home* [*Da semente à mesa: Um guia sazonal para o cultivo, preparação e conservação orgânica de alimentos em casa*]. Que incrível!

Tudo é diferente, mas nada é novo. Espero que agora você esteja legitimamente otimista a respeito do futuro. A pergunta lógica a seguir é como evitar se deixar levar pela confusão.

—

O problema da parada

Imagine que você está em Scottsdale, no Arizona, para a Parada del Sol.

Trinta mil pessoas ocupam as ruas. Está lotado. Ninguém consegue ver a parada. Então, uma pessoa fica na ponta dos pés. Por alguns instantes, ela tem uma boa visão.

Depois, todo mundo fica na ponta dos pés. O que acontece a seguir, segundo Warren Buffett, é que "sua visão não melhora, e suas pernas começam a doer".

Toda vez que a tecnologia apresenta uma nova maneira de compartilhar informações, coletar dados, fazer propaganda, criar conteúdo ou fazer marketing, ela dá a impressão de ser uma vencedora instantânea. Pelos padrões usuais, costuma ser melhor do que aquilo que você estava fazendo antes: uma forma mais expansível de chegar até as pessoas, um modo mais fácil de entreter, um novo filtro para ser mais atraente ou um algoritmo melhor. A lista vai longe.

O problema não é que não funciona; é que funciona da mesma forma para todos.

Considerada de forma isolada, a moda do momento faz sentido muitas vezes ser usada. Considerada de forma precisa como um coletivo, o uso de todos neutraliza o de cada um.

Quanto mais pessoas disputando o mesmo jogo, mais difícil fica para alguém ganhar. O que inicialmente parece uma vantagem resulta, infelizmente, em todos nós trabalhando mais, beneficiando menos e exaurindo-nos em um ciclo interminável de busca por superioridade.

É verdade que as redes sociais são uma maneira incrível de você chegar até as pessoas. Para mim também.

Também é verdade que a tecnologia permite que você segmente com precisão os clientes em potencial com anúncios. Para mim também.

E, sim, é verdade que a inteligência artificial é uma maneira fantástica de você criar quantidades enormes de conteúdo. Para mim também.

Para os adotantes iniciais e os mais habilidosos, as recompensas são imensas. No entanto, a democratização da tecnologia resulta em algo que só pode ser comparado à economia de um país em desenvolvimento: algumas elites muito ricas, nenhuma classe média, e a maioria da população trabalhando duro, mas pobre, faminta e sem esperança.

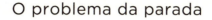

O problema da parada

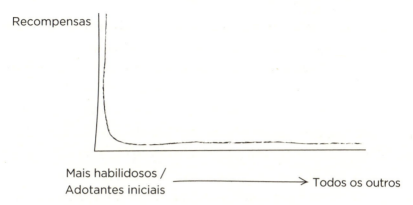

O problema da parada demonstra o que acontece sempre que a tecnologia apresenta uma nova maneira de compartilhar informações, coletar dados, fazer propaganda, criar conteúdo ou fazer marketing. Considerada de forma precisa como um coletivo, o uso de todos neutraliza o de cada um. Para os adotantes iniciais e os mais habilidosos, as recompensas são imensas. Para todos os outros, as recompensas são mínimas, independentemente da ética e qualidade do trabalho.

Atualmente, existem 254 milhões de postagens com a hashtag #photographer no Instagram. Previsivelmente, a solução para obter agendamentos não é tentar superar todas elas quando você publicar a postagem 254.000.001.

Todos nós começamos na mesma parada. A solução não é tentar ficar um pouco mais alto, mas, sim, encontrar a própria parada.

―

O poder de não fazer sentido

A escola costumava ser um caminho direto para um emprego; um emprego que agora pode ser feito por uma máquina.

Sob vários aspectos, os computadores são como seu cérebro, mas melhores.

Qualquer coisa que possa ser facilmente ensinada pode ser facilmente ensinada a um computador. Qualquer conexão lógica já foi incorporada em um algoritmo. Qualquer coisa que faça sentido, um computador já aprendeu.

Os computadores prosperam quando são eficientes. Nós prosperamos quando somos estrategicamente (in)eficientes.

Saia de sua bolha. Aprenda coisas que o algoritmo não dá de bandeja para você, para fazer conexões que ele não consegue fazer.

A experimentação é o segredo para o sucesso. Reúna experiências. Converse com pessoas diferentes. Leia de maneira diversificada. "É necessário estar um pouco subempregado caso você queira fazer algo significativo", afirmou James Watson, o biólogo molecular que codescobriu a estrutura de dupla hélice do DNA. A exploração sem rumo é o caminho para a descoberta.

Participe de um evento de uma igreja enorme, mesmo que você seja judeu.

Faça uma assinatura de uma revista acerca de acontecimentos atuais no Reino Unido, mesmo que você more no Canadá.

Contrate um treinador de boxe no México, mesmo que você seja um pacifista de um metro e sessenta e três de altura que nunca tenha dado um soco.

Há valor em tudo isso. Como? Não faço ideia. Com o tempo, isso se transformará em algo singularmente humano.

Talvez você aprenda sobre oratória e persuasão. Ou talvez conheça alguém em algum lugar que saiba algo sobre algo. Ou um milhão de outros "talvez".

Os benefícios podem não ser imediatos. Por exemplo, você pode conhecer uma incrível agente literária em um evento de fitness numa pequena e maravilhosa livraria chamada Friends of the Library, situada na cidade natal da mãe dela, Lahaina, na ilha de Maui, onde você morou por alguns meses há uma década, sem nenhum motivo especial, além de ser uma aventura, e então ela acaba sendo sua representante e de seu livro. Este livro. O que você está lendo. Foi assim que consegui minha agente.

A TECNOLOGIA MUDA; OS SERES HUMANOS, NÃO

Ou talvez não dê em nada. Tudo bem.

Eu admito que isso não é um conselho particularmente útil. É algo meio etéreo. Não há um arcabouço a seguir. Nenhum "passo para o sucesso". Nenhum passo de ação. Por definição, o processo é mais bagunçado do que o chão debaixo do cadeirão de meu filho pequeno toda vez que ele come.

Sob vários aspectos, as máquinas são melhores, mais rápidas e mais baratas do que nós. Você não consegue competir em eficiência ou nível de expertise. Quanto mais coisas aleatórias você fizer e aprender, mais valioso vai se tornar. Vai parecer devagar, quem sabe até como se você estivesse desperdiçando seu tempo, mas não estará.

Colocamos ênfase exagerada em coisas que podem ser medidas e não o suficiente em coisas que não podem. Você não se torna a Escolha Óbvia fazendo a mesma coisa que todo mundo, só um pouco melhor. Você se torna a Escolha Óbvia sendo único.

A seguir, a diferença entre ser um apresentador online e construir um negócio.

CAPÍTULO 6

Descubra qual jogo você está jogando online

Boa informação, mau conselho – Milionários de Hollywood – Os objetivos das redes sociais não são os seus objetivos – Holofotes de engajamento – Batendo papo com pessoas influentes – Jogando o jogo certo

Jessica era uma coach em dificuldades, com apenas seis clientes pagantes.

"Meus problemas são marketing e vendas. Preciso de um gestor de redes sociais, mais fotos profissionais minhas, e mais tempo", ela disse. Ela tinha 20,6 mil seguidores no Instagram quando recebi sua mensagem. É gente suficiente para lotar o Madison Square Garden.

Se considerarmos que seus seis clientes vieram diretamente das redes sociais, a taxa de conversão de Jessica é de 0,029%, ou um cliente para cada 3.433 seguidores. O problema de Jessica não é adicionar seguidores gratuitos. O problema é conseguir clientes pagantes. Apesar da crença generalizada, eles não são a mesma coisa.

—

Há um episódio de *South Park* em que um grupo de gnomos rouba cuecas.[1] Quando indagados a respeito do motivo, eles expõem seu grande plano:

Fase 1: Roubar cuecas

Fase 2: ???

Fase 3: Lucro

Agora, isso talvez surpreenda você, mas eu não sou um ladrão experiente de cuecas. Mesmo assim, é óbvio, até para alguém como eu, que nunca roubou cuecas, que o plano anterior está incompleto.

Os gnomos não sabem como o roubo de cuecas pode levar ao lucro. Eles simplesmente começam a fazer isso um dia por razões que não conseguem mais lembrar. Com o tempo, isso virou um hábito.

Em algum momento, você pensaria que um gnomo sensato diria: "Ei, gnomos, temos um monte de cuecas, mas nenhum lucro. Afinal, talvez roubar cuecas brancas não seja um bom negócio." Mas nenhum deles diz isso porque, a essa altura, os gnomos estão tão acostumados a pegar cuecas com zelo e dedicação que é tudo o que eles sabem.

Mesmo fazer mal a coisa certa é melhor do que fazer bem a coisa errada.

O Problema dos Gnomos das Cuecas revela que várias pessoas estão trabalhando muito para ganhar o jogo de "conquista da internet", mas ignorando como e se isso leva ao sucesso. É difícil ignorar as redes sociais porque elas são projetadas para ser extremamente viciantes, e não porque sejam necessariamente úteis.

Você não precisa compartilhar cada momento de sua vida na internet para ter sucesso.

Você pode comer uma fatia de melancia gelada em um dia quente sem que o mundo saiba. Você não precisa tirar uma foto da melancia. Você não precisa pensar em algo engraçado para dizer a respeito dela. Você pode comer a fatia de melancia e curtir o calor do sol em sua pele, vivendo simplesmente esse momento efêmero e precioso.

Construir um negócio e se tornar um apresentador online são jogos distintos que as pessoas jogam. Nenhum é melhor ou pior, mas os problemas surgem quando você confunde os dois, jogando pelas regras de um e desejando as recompensas do outro.

———

Boa informação, mau conselho

Havia uma mulher no palco compartilhando algumas informações de bastidores sobre seu negócio fabuloso.

Ela compartilhou quatro sistemas de marketing diferentes para três programas distintos. Cada um tinha seu próprio conteúdo, e-mails e anúncios pagos.

Embora fosse impressionante, não pude deixar de percorrer a sala com o olhar, e percebi os olhos vidrados dos espectadores, supondo que estavam pensando a mesma coisa que eu: *Se eu tiver que fazer tudo isso só para ganhar a vida, estou fora.*

Neste evento, muitos outros palestrantes, tanto homens quanto mulheres, fizeram apresentações semelhantes. Algo acerca do que eles disseram não acertou o alvo.

Para descobrir se boas informações de pessoas inteligentes se aplicam a você, desvie seu foco do que vê para o que não vê.

Os palestrantes usaram palavras como "correr atrás" e "sacrifício". Eu costumava acreditar nesses mantras. Por quase um ano, dediquei-me a meu negócio digital das nove e meia da noite até as duas da manhã, após um dia inteiro de trabalho. Esse período me fez acreditar que, se você quer um dia ter o que os outros não têm, você deve, em algum momento, estar disposto a fazer o que os outros não fazem.

Então, o que mudou? Por que eu acho que a cultura do correr atrás é vergonhosa hoje, mas, naquela época, eu a abracei?

Eu me casei e tive filhos.

"O que nos motiva aos 20 anos não é necessariamente o mesmo que nos motiva aos 40, e vice-versa", escreveu a escritora Gabrielle Zevin.

Quantos desses palestrantes têm filhos?, eu me perguntei.

Acontece que havia quinze palestrantes no evento, com uma idade média de 37 anos. Dois deles tinham filhos. Apenas um dos dois havia construído a base de seu negócio depois de ter um filho. O outro construiu a base de seu negócio e só depois teve uma filha.

Portanto, apenas um dos quinze palestrantes tinha um filho enquanto construía seu negócio.

O homem que estava sentado a meu lado tinha três meninos com menos de cinco anos.

Uma boa informação para uma pessoa não é uma boa informação para todos. A inexistência de filhos não tornou inválida a informação da palestrante, nem tornou o sucesso menos crível. É simplesmente algo importante a considerar. As escolhas óbvias feitas por outras pessoas talvez não sejam as *suas* Escolhas Óbvias.

Os dados pontuais ausentes costumam fornecer um contexto útil para determinar se algo é relevante para você. Por melhor que seja a estratégia, o "melhor" não é o melhor para todos. Faz todo o sentido (e é muito comum) que boas informações também sejam maus conselhos.

—

Milionários de Hollywood

Na década de 1920, Hollywood se tornou a capital mundial do cinema. Para aqueles que faziam a peregrinação em busca da fama, as regras do jogo eram claras:

1. Chances mínimas de sucesso,
2. Longos horizontes temporais, e
3. Recompensas absurdas e descomunais para um grupo seleto.

Ou, como disse o pioneiro diretor e produtor de filmes de terror George A. Romero: "Se eu fracassar, a indústria cinematográfica me descarta e viro mais um na estatística. Se eu tiver êxito, recebo um milhão de dólares para ir até lá e soltar um pum."

Há algo realmente admirável em perseverar contra todas as probabilidades para transformar sonhos em realidade, mesmo que não dê certo.

Correr atrás. Trabalhar de graça. Servir mesas à noite e nos fins de semana para pagar o aluguel, junto com milhares de outros que compartilham o mesmo sonho. Você sabe de tudo isso e ainda quer tentar e arriscar? Maravilha!

O problema que eu tenho com redes sociais é que as regras do jogo já não são claras. Até mesmo os maiores criadores de conteúdo do mundo estão alertando seus seguidores sobre o canto da sereia da influência digital fácil. Jimmy Donaldson (também conhecido como Mr-Beast) tuitou: "É doído ver pessoas largando o emprego ou abandonando a escola para criar conteúdo em tempo integral antes de estarem preparadas. Para cada pessoa como eu que consegue, milhares não conseguem. Tenham isso em mente e sejam espertos, por favor."[2]

Somos levados a acreditar que desta vez é diferente. Desta vez as chances são maiores. Desta vez não serão necessários anos de trabalho gratuito para outra pessoa enquanto batalhamos para pagar nossas contas, na esperança de que tudo vai valer a pena e, um dia, vamos chegar lá. As palavras "influenciador", "criador" e "animador" são sinônimos. O meio mudou, mas o trabalho, não.

Há uma ideia equivocada de que você precisa primeiro ficar famoso na internet para ter sucesso. É o contrário. O caminho mais direto para se tornar influente na internet, caso esse seja o objetivo, é primeiro fazer algo significativo. **O sucesso nas redes sociais é, na maioria das vezes, um indicador atrasado, e não um indicador antecipado, de impacto no mundo real.**

Embora os influenciadores costumem ser divertidos de assistir e bons em chamar a atenção, a capacidade deles de ganhar dinheiro é limitada. É bem verdade que alguns conseguem construir grandes negócios vendendo produtos comuns, como assinaturas de baixo custo, suplementos, café, maquiagem, bebidas, apliques de cabelo e roupas. Os que conseguem faturam uma alta quantia.

O entretenimento é um negócio atípico: sempre foi e sempre será.

Para deixar claro: conquistar um grande número de seguidores na internet é um objetivo válido para alguns. Tudo o que estou querendo dizer é que o jogo de tentar se tornar um influenciador é diferente do jogo de conquistar clientes.

Embora possa contribuir para o negócio, não é necessário para o negócio e é uma via mais lenta e menos eficiente.

Se a meta é ficar famoso na internet, então seguir conselhos sobre como ganhar nas redes sociais, dominar o algoritmo e obter o máximo de curtidas possível é uma boa ideia. Por outro lado, se a meta é fazer o negócio crescer, grande parte dessa (boa) informação pode ser ignorada.

Jessica, que mencionamos no começo deste capítulo, acha que está no caminho certo. Ela está convencida de que a solução para seu problema de conseguir clientes pagantes é fazer mais do que já faz, só que com fotos mais bonitas.

Isso é insano. Sem dúvida, o que ela está fazendo não está funcionando. Ela está jogando o jogo errado. No entanto, fico triste por ela. Não é culpa dela. O jogo é manipulado.

Os objetivos das redes sociais não são os seus objetivos

As plataformas de redes sociais são empresas com fins lucrativos. A principal maneira delas de ganhar dinheiro é vendendo publicidade.

Trata-se de uma equação relativamente simples: quanto mais tempo as pessoas passam em seus aplicativos, mais ricos se tornam os donos e os investidores das empresas. Para isso acontecer, elas precisaram convencer milhões de pessoas a criar conteúdo todos os dias (ou seja, trabalhar de graça) para alimentar seu sistema. Por meio de uma combinação de elementos de design viciantes, percepções de dados equivocadas e promessas de sucesso atípico e inexplicável, elas alcançaram o objetivo.

É um dos maiores truques de mágica dos tempos modernos.

Vamos voltar ao exemplo de Jessica uma última vez. Se você se lembra, ela tem tentado, em vão, conseguir clientes criando conteúdo e interagindo no Instagram.

Isso dá trabalho, e o sucesso deve ser analisado com isso em mente.

Se ela fosse calcular quanto dinheiro ganhou em troca das centenas (talvez milhares) de horas que passou no Instagram, o valor ficaria bem abaixo da linha da pobreza.

Por exemplo, se o valor médio do ciclo de vida do cliente para os seis clientes de Jessica equivale a 350 dólares, e ela passou mil horas construindo seu negócio no Instagram, Jessica está ganhando 2,10 dólares por hora. Uau! E isso não inclui o tempo gasto realmente trabalhando com os clientes.

É bem verdade que eu não conheço os números de Jessica, mas posso afirmar com segurança que o descompasso na criação de valor entre Jessica e o Instagram é absurdo.

As redes sociais são concebidas para ser tão viciantes que toda vez que o número de seguidores cresce ou, surpresa, não cresce, isso pode virar uma obsessão. Tanto que perdemos de vista o fato de que estamos trabalhando incansavelmente criando conteúdo gratuito para essas empresas e obtendo retornos irrisórios, trocando nosso trabalho das 9h às 17h por um trabalho de 24 horas por dia, 7 dias por semana.

Eu não odeio as plataformas. Ninguém é do mal. Não há nada de errado com as redes sociais. Se o objetivo é ficar famoso, nunca existiu uma ferramenta mais eficaz.

Para a maioria de nós, porém, o que estou descrevendo representa um simples desalinhamento de objetivos. Seu objetivo é gastar o mínimo de tempo possível na plataforma e aproveitá-la para construir um negócio em outro lugar. O objetivo da plataforma é que você nunca saia da plataforma.

Eis uma pergunta desafiadora: você é dono de sua plataforma ou a plataforma é dona de você?

No final das contas, não podemos esquecer que é nossa escolha usar ou não usar as redes sociais. Se você decidir usá-la, precisará de um plano que leve em conta seus objetivos, e não os objetivos das empresas donas das redes sociais. Eu não posso dizer a você qual é a melhor forma de usá-las a favor de seus objetivos, mas mais adiante neste capítulo vou dar um exemplo. Depois, no Capítulo 14, vou apresentar um arcabouço que você pode empregar para maximizar a qualidade da troca.

Por enquanto, pense em sua plataforma de rede social como uma conta de poupança. Faça depósitos quando tiver tempo e dinheiro sobrando. Considere isso como um investimento para o futuro, e não uma maneira de obter benefícios a curto prazo. Tudo bem você esperar que cresça a longo prazo e renda juros durante esse período, desde que você não dependa disso para seu sucesso imediato.

Holofotes de engajamento

A Lei de Goodhart afirma: "Quando uma medida se torna um objetivo, ela deixa de ser uma boa medida."[3]

As métricas superficiais de engajamento, como curtidas, comentários, compartilhamentos e seguidores, são todas medidas, e não objetivos. Confiar nelas como seus únicos indicadores é como disputar um jogo sem placar.

Em minha empresa de coaching, rastreamos quantas consultas por mensagem direta recebemos.

A sorveteria Bar Ape mede o sucesso pela quantidade de pessoas que aparecem e compram sorvete quando um novo sabor é oferecido.

Os bons jornalistas avaliam a qualidade de sua escrita com base em até onde o leitor chegou na página, e não na quantidade de pessoas que clicaram inicialmente (ainda que uma combinação das duas coisas seja o ideal).

"As métricas são como um holofote",[4] afirmou Jonah Berger, professor de marketing da Wharton School e autor de *Contágio: Por que as coisas pegam*, best-seller do *New York Times*. "Elas direcionam a atenção para algo. Se é isso o que queremos otimizar, ótimo. Mas se não é, precisamos ter cuidado, pois nos estimulam a otimizar tudo o que está focado nelas."

O que é mal medido é mal gerido.

Batendo-papo com pessoas influentes

Como um cara socialmente desajeitado, que gostava de ler livros, levantar coisas e depois colocá-las de volta no chão de dez a doze vezes, e se aproximar de garotas bonitas desconhecidas e convidá-las para sair, não era algo com o qual eu me sentisse especialmente confortável.

Os sites de namoro se tornaram populares quando eu estava na universidade. Era um mundo totalmente novo. Para mim, eles resolviam o problema da *intenção*. Se uma garota estava lá, pelo menos eu sabia que ela estava procurando por *algo*.

A diferença entre um site de namoro e a maioria dos perfis das redes sociais é que, em um site de namoro, a intenção é tanto específica quanto explícita.

Se você publica uma foto bonita no Jdate, um aplicativo de namoro que conecta solteiros judeus, sua intenção é clara: você quer encontrar um *mensch* (alma nobre, em iídiche) para apresentar para sua *bubbie* (avó) e seu *zayde* (avô), com quem você possa *schmooze* (bater papo) "até o sol se pôr". Publique essa mesma foto nas redes sociais e, para um observador externo, o que você quer é um palpite de qualquer pessoa.

Anos atrás, apareceu uma modelo fitness no Instagram que entendeu esse conceito. Eu não me lembro do nome dela, mas nunca esquecerei o que ela fez.

Primeiro, ela conseguiu um grande número de seguidores postando fotos explicitamente sexualizadas de si mesma. Eu não julgo. O corpo é dela. Você tem o direito de mostrá-lo da forma que quiser.

Se você decide conseguir uma audiência desse jeito, só saiba para o que isso serve e para o que não serve.

É mais fácil e rápido conseguir uma audiência maior e mais engajada fazendo coisas como sexualizar sua imagem, seguir tendências, provocar raiva ou criar divisões de forma intencional. No entanto, vendas e engajamento não são a mesma coisa.

Se a forma como você conseguiu uma audiência for inconsistente com o produto ou serviço que você quer vender, você acabará rico em curtidas, mas pobre em dinheiro.

Quase todos os dias, recebo mensagens de homens e mulheres que possuem esses tipos de contas, dizendo algo parecido com isto: "Eu tenho essa grande audiência, mas sempre que tento vender algo, não há resposta."

Eu não deveria precisar dizer isso, mas se você conseguiu seguidores com base em fotos de seios, bundas e barrigas suadas, então tenho más notícias para você: a maioria das pessoas não está seguindo você por sua expertise de renome mundial em fitness.

Porém, a modelo fitness fez diferente. Ela não vendeu fitness coaching. Em vez disso, ela vendeu um e-book. Eu não me lembro do título exato, mas era algo do tipo *How to Date Girls Like Me* [*Como sair com garotas como eu*].

Após terminar de odiar o mundo, não pude deixar de aplaudi-la demoradamente. Ela sabia o jogo que estava jogando. Ela entendia a intenção de seus seguidores.

—

Jogando o jogo certo

Conor O'Shea é um fitness coach em busca de clientela de altos executivos e de agendamentos para programas de bem-estar corporativo. Ele me enviou essa mensagem pouco depois de iniciar um podcast:

— Agora está ficando interessante. Produzi apenas quatro episódios, mas já agendei uma conversa com um cliente sobre meus serviços de coaching antes de ele gravar um podcast comigo no próximo mês. Também estou em contato com a Microsoft Ireland para um possível programa de bem-estar corporativo, após gravar um episódio com um diretor de lá.

Conor e eu conversamos alguns meses antes. Ele ia chamar seu programa de *Corporate Wellness Ireland*. Eu disse para ele não fazer isso:

— O pessoal do setor de tecnologia não liga para bem-estar corporativo. Você se importa com bem-estar corporativo. O pessoal do setor de tecnologia se importa em melhorar o status no mundo dos profissionais de tecnologia.

Em seguida, Conor me perguntou se seria melhor começar o programa focado na Irlanda, em vez de na cidade de Limerick, porque a Irlanda tem mais pessoas.

— Nenhuma opção é melhor ou pior. São jogos diferentes — respondi. — A Irlanda seria o que você escolheria se seu objetivo fosse se tornar um podcaster famoso algum dia. Limerick seria o que você escolheria se quisesse usar um podcast para construir uma rede direcionada e conseguir clientes agora.

Ele deu o nome a seu programa de *Limerick High Performance Podcast*.

Contrariamente ao esperado, um raio menor (ou nicho) é melhor para o desenvolvimento de negócios. É direto, específico e permite que ele convide executivos de empresas locais para o programa.

Os podcasts são difíceis de crescer. O espaço é enorme. A descoberta natural é quase inexistente. Virar um podcaster famoso é um jogo notoriamente difícil de jogar.

Há uma maneira melhor de usar os podcasts. Aproveite-os para se tornar a Escolha Óbvia.

"Fale com um homem a respeito dele mesmo e ele ficará ouvindo durante horas", afirmou o primeiro-ministro britânico Benjamin Disraeli. Em vez de dar telefonemas formais para executivos influentes em Limerick para oferecer programas de bem-estar corporativo, Conor os convidou para participar de seu programa. O mesmo esforço. Pequeno ajuste. Melhor resultado.

O *Limerick High Performance Podcast* nunca será um podcast que ficará entre os cem mais ouvidos. Nunca vai ter muitos acessos. Tudo bem. Cinquenta acessos de altos executivos e chefes de departamentos de recursos humanos em Limerick são mais valiosos para Conor do que 10 mil pessoas aleatórias ao redor do mundo que gostam um pouco de fitness.

Atualmente, Conor está trabalhando para se tornar a Escolha Óbvia para fitness e bem-estar corporativo na cena do setor tecnológico de Limerick. Caso cresça a audiência de seu programa, talvez ele decida expandir e atingir toda a Irlanda. E então, se a audiência continuar aumentando, talvez ele decida expandir seu podcast para um programa variado sobre alta performance em todo o mundo.

Ou não.

Quando você cria conteúdo na internet, há dois jogos a escolher:

1. O jogo de "tentar ficar famoso na internet".
2. O jogo para "aproveitar a mídia digital para construir seu negócio".

Jogar o jogo certo é simples. Você precisa de (ou quer) dinheiro agora ou consegue ficar de três a cinco anos sem ganhar nada?

Não há resposta errada. Nenhuma das opções é melhor ou pior. Elas são diferentes, ou seja, com regras do jogo, horizontes temporais, mecanismos de recompensa e chances de sucesso distintas.

Em vários casos, as ferramentas (redes sociais, podcast, e-mail etc.) são as mesmas. O que muda é como você as utiliza e mede seu sucesso nelas.

Se você escolher o jogo de "ficar famoso na internet", concentre-se nas habilidades midiáticas, tanto técnicas quanto interpessoais. Estude alguns influenciadores, aprenda edição de vídeo e aprimore suas competências de oratória, improvisação de comédias e dança. Interaja com comunidades de outras pessoas que estão jogando um jogo semelhante e tenha um planejamento de três a cinco anos até que os resultados apareçam.

Se você escolher aproveitar as redes sociais como um lugar para construir um negócio hoje, veja isso como um espaço para fazer networking e converter tráfego, e não para gerá-lo. Transforme sua plataforma em um espaço que mostre o sucesso dos clientes, demonstre seu produto ou serviço, e responda às perguntas. Não se compare a influenciadores, ignore métricas superficiais de engajamento e, em vez disso, analise métricas que se relacionam com o sucesso tangível dos negócios.

Embora você só possa jogar bem um jogo de cada vez, o jogo pode mudar conforme seus objetivos mudam. O importante é que você não espere as (ou dependa das) recompensas de um jogo, se estiver jogando conforme as regras do outro.

Agora, vamos falar sobre por que saber demais a respeito de algo é pior do que saber de menos.

CAPÍTULO 7

Permaneça ignorante, mas otimista

Bola de fogo – Quando 1 + 1 = 10 – Habilidades de Salto à Frente – Aprendizado de Salto à Frente

S ob vários aspectos, saber demais a respeito de algo é pior do que saber de menos.

E, atualmente, todos nós sabemos demais.

—

Eu tinha 24 anos quando publiquei meu primeiro livro por conta própria. Era um guia para personal trainers intitulado *Ignite the Fire* [*Acenda o fogo*]. Eu estava trabalhando em tempo integral em uma academia fazia apenas três anos.

Não havia nada de audacioso ou corajoso em escrever aquele livro tão jovem. A verdade é que eu sabia tão pouco sobre todas as razões pelas quais eu não deveria ter escrito o livro que acabei escrevendo. A seguir narro como isso aconteceu.

Enquanto eu treinava meus clientes, carregava uma prancheta contendo dois itens: programas de treino e uma folha de papel em branco. Nessa folha, eu fazia anotações. Por exemplo:

- O cliente reclamou de dor ao executar supino.
- Recolheu lixo.
- Outro professor ensinou errado o levantamento terra (perigoso?) (intervir?).
- Quer sair com a secretária.
- Interrompido por um membro querendo contratar sessões enquanto treinava um cliente. (O que fazer?)

E assim por diante.

À noite, eu recapitulava meu dia, expandindo cada tópico com detalhes e reflexões. Em alguns casos, ligava para amigos e perguntava o que eles fariam ou fizeram em situações semelhantes.

Eu não tinha a intenção de escrever um livro. Eu estava tentando me aprimorar ao catalogar e refletir a respeito dos acontecimentos do dia.

Após cerca de um ano, mostrei o texto para minha mãe. Era extenso. Cerca de 100 mil palavras. Ela disse que poderia ser um livro e que havia muito material interessante, mas que eu precisava de um editor.

Eu era um personal trainer com um diploma em cinesiologia. Não conhecia nenhum autor, muito menos editores.

Em vez de me deixar dominar pela publicação de livros, concentrei-me em descobrir o próximo passo. Não foi de propósito. Eu estou criando uma narrativa pós-racional aqui. Sem dúvida, o processo foi mais confuso do que estou descrevendo, porque, na época, tudo o que eu sabia era que os editores estão envolvidos com a publicação de livros, e as livrarias têm livros.

Então, fui à livraria.

Havia uma prateleira dos livros de saúde e fitness mais vendidos. Anotei os nomes dos autores, voltei para casa e enviei e-mails formais para eles pedindo uma apresentação a seus editores.

Quase todos responderam. Muitos deles fizeram apresentações. Eu contratei Kelly James-Enger, porque ela me disse que as ideias eram boas, mas o livro não estava bom e precisava de muito trabalho. Eu gosto de franqueza.

Quando o livro foi editado, Kelly disse que naquele momento eu precisava de um revisor para corrigir a gramática, a ortografia e a formatação. Eu não sabia que isso fazia parte, mas acho que faz sentido que seja algo necessário.

Kelly me apresentou a um revisor. Então, criei a arte de capa e mandei o livro para a gráfica. E assim por diante.

Isso aconteceu em 2009. Não existiam editoras híbridas que ofereciam o pacote completo de autopublicação ou marketplaces de serviços terceirizados confiáveis. Se você quisesse que algo acontecesse, precisava reunir uma mistura aleatória de contratados, e esses contratados podiam ser difíceis de encontrar.

Ao refletir sobre esse período de minha vida, posso me descrever como alguém ignorante, mas otimista. Isso é uma maneira de dizer que eu não sabia de nada, mas de um jeito bom, sabe?

Se queria fazer algo, dava um jeito. Ou não dava um jeito, e não fazia o que queria fazer.

Naquela época, éramos quase cegos; geralmente, fazendo tudo no improviso. Você tinha uma escolha binária: levar algo a sério ou não. Nada dessa coisa indecisa, no meio do caminho. Atualmente, é muito mais fácil fazer um trabalho malfeito com todas as dicas, ferramentas e tutoriais disponíveis gratuitamente.

Eu sei que não podemos voltar no tempo, e também sei que há mais oportunidades para todos agora. Mesmo assim, uma parte de mim sente uma certa nostalgia ao recordar aquele período de minha vida.

A ignorância me impulsionou para a frente. Eu não sabia o que não sabia. Porém, fiquei mais confiante sabendo que sempre poderia descobrir o próximo passo. Isso parecia menos assustador. Depois que eu resolvia um problema, o próximo ficava claro.

É como quando você está dirigindo na estrada e está escuro como breu, mas você está com os faróis altos ligados. Você sabe que há muitos quilômetros pela frente e que vão aparecer curvas e desvios, mas tudo o que você consegue ver agora é o que está diretamente a sua frente, então você se concentra nisso. Conforme segue dirigindo, novos trechos de estrada são iluminados até você se aproximar de seu destino. A ignorância otimista é mais ou menos assim.

Ignite the Fire vendeu mais de 75 mil exemplares. Eu escrevi o livro há muito tempo. Eu me orgulho disso. Porém, às vezes, pergunto-me se seria capaz de fazer isso se tivesse 24 anos hoje. Para ser sincero, acho que não seria.

O pessimismo superinformado é um subproduto inevitável e infeliz de uma economia da informação.

As razões pelas quais outra pessoa está mais qualificada do que você para fazer algo. Por isso é difícil. Uma má ideia. Ou todas as maneiras de dar errado. Nós duvidamos de nós mesmos não porque não sabemos o suficiente, mas porque sabemos demais.

Você sabia que o motivo de termos gramados na frente das casas é porque, no século XIV, os reis medievais plantavam grama como forma de exibir sua riqueza? Segundo o historiador Yuval Noah Harari em seu livro *Homo Deus: Uma breve história do Amanhã*, a grama era o símbolo de status perfeito. Ela não produz nada de valor, precisa de muito espaço e requer mão de obra cara para sua manutenção (isso acontecia antes dos irrigadores e dos cortadores de grama).

Não precisamos mais exibir nossa riqueza com grama. Temos as redes sociais para isso. Por algum motivo, porém, esse símbolo de status sobreviveu a todas as monarquias que o criaram.

A ESCOLHA ÓBVIA

Pessoalmente, eu não tenho problema com grama. Contudo, é interessante saber que nossa obsessão por ela não passa de um resquício do passado que só existe porque as pessoas continuaram copiando umas às outras até que ninguém soubesse realmente por que estavam plantando grama, mas acharam que deveria haver um motivo e, então, continuaram fazendo isso.

Acho que o que eu quero dizer é que copiar os outros é um subproduto inevitável da exposição constante.

Se eu tivesse 24 anos e estivesse considerando publicar um livro hoje, ficaria desmotivado pela quantidade de pessoas que já estão dizendo na internet o que eu queria dizer. Não porque minhas ideias fossem originais antes, mas porque agora é impossível para mim não perceber que elas não são originais.

Se eu conseguisse superar essa narrativa autodestrutiva, procuraria saber como autopublicar um livro. Como Alice, cairia na toca do coelho de episódios de podcast, vídeos no YouTube e postagens em redes sociais. A sobrecarga seria paralisante.

Saber demais a respeito de algo costuma ser pior do que saber de menos. Toda a informação que temos ao alcance de nosso bolsos pode ser um apoio ilusório, e não um suporte real. Ao nos darmos conta de todos os motivos para não fazermos algo, infelizmente, muitas vezes desistimos.

O pessimismo fundamentado não pode ser evitado. Em vez disso, devemos aprender a superá-lo. O primeiro passo é aceitar que outras pessoas são mais qualificadas do que você. Algo que é totalmente normal.

—

Bola de fogo

Meu colega de quarto quase incendiou nossa casa na faculdade.

PERMANEÇA IGNORANTE, MAS OTIMISTA

Ele queria fritar batatas e, então, colocou óleo na frigideira e acendeu o fogo. Em seguida, fumou um baseado e adormeceu.

Quando cheguei, as chamas já alcançavam 30 centímetros de altura. Eu levei a frigideira em chamas até a entrada da casa e joguei água nela.

Água e óleo não se misturam. A água mais perto do fogo se vaporiza, se eleva no ar e leva junto o óleo. Essa é uma maneira elegante de dizer que despejar um balde de água em um incêndio de óleo o converte em uma bola de fogo. Eu, idiota, não sabia disso na época.

Imagine que você é um bombeiro e é seu primeiro dia de trabalho. O alarme dispara. Você chega a casa e vê uma frigideira pegando fogo.

Então, você desliga a fonte de calor e lança um jato de pó químico com o extintor de incêndio. Fácil.

Após o fogo se apagar, você explica para a família que, se isso voltar a acontecer, coloque bicarbonato de sódio, cubra a frigideira com uma panela metálica e desligue o fogo, fazendo com que o incêndio se extinga pela ausência de oxigênio. Então, você beija um bebê, posa sem camisa para um calendário e faz o que mais você imagina que os bombeiros façam.

Em um grupo de bombeiros experientes, você é um novato. Em comparação a eles, você se sente como um impostor. Porém, você sabia que não devia jogar água em um incêndio de óleo. Claro, os outros bombeiros podem ter zombado de você, mas a pessoa que você ajudou não se importou. Você apagou o fogo.

Não deixe que sua inexperiência perceptível, a falta de qualificações notáveis ou qualquer outra incapacidade em relação a seus colegas o detenham.

Na maioria das vezes, a metodologia necessária para resolver o problema de um cliente não é complicada.

Qual a probabilidade de você verificar onde seu consultor financeiro estudou ou quais foram suas notas? Eu nunca fiz isso. Minha confiança nele não tem nada a ver com o desempenho dele como estudante.

Você já se perguntou por que alguns coaches de nutrição são muito bem-sucedidos enquanto outros quase não conseguem ganhar a vida? Os coaches de nutrição de sucesso não necessariamente sabem mais sobre o ciclo de Krebs do que outros colegas da mesma área. A maioria das pessoas só precisa comer um pouco mais de proteína e muito menos porcaria.

O liquidificador Total Classic Original da Blendtec possui um "motor potente de 1.560 watts". Um liquidificador de outra marca, Ninja, só possui um motor de 900 watts. O que isso significa? Eu não faço ideia. No entanto, já possuí os dois, e ambos fazem um smoothie igualmente bom.

Eis uma pergunta desafiadora: você está aprendendo porque isso afetará significativamente o resultado de seu cliente? Ou você está aprendendo porque é pessoalmente interessante para você?

As pessoas ambiciosas costumam enfrentar dificuldades porque estão muito focadas em sua área de atuação, preocupando-se demais com detalhes que são irrelevantes para o cliente. A Escolha Óbvia não se sobressai porque elas sabem mais do que os outros em sua área de atuação; elas se sobressaem porque percebem oportunidades que os outros não percebem.

Melhorar em coisas nas quais já somos bons faz bem. É reconfortante. Sob vários aspectos, porém, é egoísta.

A abordagem altruísta envolve reconhecer quando você é bom o suficiente para resolver o problema principal, liberando-se para adicionar habilidades complementares que melhoram a eficácia de sua expertise no setor de atividade.

Isso não dá permissão para relaxar em seu ofício. Sempre se esforce para aprender e melhorar. Em vez disso, trata-se de uma introdução a uma conversa mais importante: uma que reconhece que nem todo o desenvolvimento pessoal é igual.

—

Quando 1 + 1 = 10

O conhecimento específico do setor de atividade atinge rapidamente o ponto de retornos decrescentes. (Eu estou ignorando os casos atípicos que envolvem os melhores do mundo.)

Vou usar meu caso como exemplo. Eu era um personal trainer muito bem-sucedido com um conhecimento adequado de fitness e uma noção satisfatória de psicologia.

Porém, o que eu também tinha, que a maioria das pessoas de meu setor não possuía, era uma capacidade razoável de escrever e vender.

Se você avaliasse meu talento em qualquer uma dessas coisas separadamente, eu seria classificado como de nível baixo a médio. A combinação de habilidades era rara e, como resultado, meu valor de mercado aumentou consideravelmente.

Avançado para hoje em dia, eu me consideraria um bom escritor, que também acaba tendo uma formação sólida e abrangente em negócios, uma noção satisfatória em psicologia e habilidades razoáveis em gestão financeira, oratória e desenvolvimento de produtos. Existem escritores melhores, homens de negócios mais experientes e psicólogos melhores.

As pessoas não compram o que você faz. Elas compram a crença de que você pode ajudá-las a resolver seus problemas.

Além disso, as pessoas que compram de você raramente estão em seu setor. Por conseguinte, elas não compartilham sua obsessão por sua expertise. Não é uma área na qual você pode esperar se conectar com elas. A maneira de se conectar com elas é com base em algo pelo que elas se interessam. Você não sabe o que é isso.

Portanto, quanto mais coisas você souber e te interessarem, maiores as chances de se conectar singularmente.

"Se você quer ser interessante, seja interessado. Se você quer ser fascinante, seja fascinado", Chet Holmes escreveu em *The Ultimate Sales Machine*.

Melhorar um conjunto de habilidades do setor que já é bom resulta em benefícios pequenos e incrementais. Chame isso de 1 + 1 = 2. Quando você começa a adicionar habilidades externas, o crescimento se torna exponencial. 1 + 1 já não é mais igual a 2; agora é igual a 10. Evidentemente, isso não é um cálculo preciso, mas uma simplificação útil. "Em termos de sucesso, é melhor você ser bom em duas habilidades complementares do que ser excelente em uma", escreveu o cartunista Scott Adams em seu livro *How to Fail at Almost Everything and Still Win Big*.

A Escolha Óbvia se destaca ao fazer conexões quando os outros não fazem. Em consequência, ela vê oportunidades que os outros não veem.

Seu valor raramente depende de expertise, mas de variedade.

Você pode se esforçar muito para se tornar realmente excelente em algo. Ou pode combinar várias habilidades. Ambas as estratégias funcionam. A vantagem de combinar habilidades é que elas podem ser aprendidas rapidamente, porque nenhuma delas precisa ser complexa ou depender de talento extraordinário. A versatilidade que elas proporcionam também pode ajudá-lo a se adaptar a um mundo em constante evolução.

Nem todas as habilidades têm a mesma importância. Fazer malabares com facas é legal. Domesticar filhotes de gatos selvagens também é. Mas elas não vão ajudá-lo muito. A menos que você faça as duas coisas simultaneamente. Eu pagaria para ver isso.

Vamos falar primeiro sobre as habilidades que valem mais a pena aprender.

Habilidades de Salto à Frente

As Habilidades de Salto à Frente são atemporais. Os avanços tecnológicos podem tornam mais fáceis sua implementação, mas não vão torná-las menos valiosas.

As Habilidades de Salto à Frente também são transferíveis. Elas podem ser combinadas com qualquer expertise setorial para aumentar seu valor. Com essas habilidades, você vai ter uma vantagem em qualquer iniciativa empresarial ou vai se tornar indispensável para seu empregador, permitindo que você obtenha um salário maior. Se você mudar de setor de atuação, você as levará consigo.

Essas são as cinco principais Habilidades de Salto à Frente.

1. **Redação corporativa**: vá direto ao assunto. Prenda a atenção do leitor. Conte uma história. Escreva de maneira simples. Ofereça uma lição prática.
2. **Psicologia comportamental**: identifique, transite e aproveite eticamente os principais vieses cognitivos.
3. **Conversação**: faça o tipo de pergunta que estimule os outros a falar sobre si mesmos.
4. **Vendas**: você consegue o que quer ajudando os outros a conseguirem o que querem.
5. **Gestão de riqueza**: ganhe dinheiro com dinheiro. Com paciência, mesmo uma quantia pequena de dinheiro é suficiente para gerar dinheiro considerável.

A seguir, apresento uma boa diretriz de como as pessoas mais bem-sucedidas em suas áreas enfocam seu desenvolvimento profissional ao longo do tempo.

- Ano 1: 75% de habilidades setoriais / 25% de Habilidades de Salto à Frente.

- Ano 2: 50% de habilidades setoriais / 50% de Habilidades de Salto à Frente.
- Ano 3 em diante: 25% de habilidades setoriais / 75% de Habilidades de Salto à Frente.

Os setores de atividade apresentam distintos níveis básicos de conhecimento exigidos em relação aos resultados. Sua proporção pode ser diferente, mas mesmo que seja, provavelmente não será por muito.

Você pode acessar uma lista selecionada de recursos, livros e podcasts recomendados para melhorar em cada Habilidade de Salto à Frente em www.JonathanGoodman.com/Leapfrog.

Aprendizado de Salto à Frente

O foco é a chave para a aquisição de habilidades em um mundo decidido a nos distrair. Não há nada de novo nessa dica. Você ouve isso o tempo todo. Foque mais. A arte do foco. "O segredo do sucesso é ser mais focado", dizem. Bem, como você *decide* onde focar? E como *mantém* o foco?

O Aprendizado de Salto à Frente possui duas partes:

1. *Sprints* focados de sessenta dias
2. Ensinar

Um princípio atemporal de sucesso para fitness e desenvolvimento pessoal é que, se você investir o esforço dedicado para construir força e resiliência *uma vez*, você poderá suportar mais *ao longo do tempo*.

O corpo encontra conforto e estabilidade em torno de um ponto de equilíbrio homeostático. Uma vez definido, há uma certa flutuação, mas não muito. Se você está tentando melhorar significativamente sua condição física, o objetivo do treinamento é redefinir o "normal" de seu corpo para um nível mais alto de funcionamento. A melhor forma de fazer isso é por meio de períodos relativamente curtos (de oito a doze semanas) de intensidade concentrada, consistente e progressivamente confiável.

Eu simplifiquei grosseiramente o processo fisiológico. Meus amigos cinesiologistas vão ter um chilique. Porém, esse é o nível científico que eu quero atingir. Vai servir.

O Aprendizado de Salto à Frente utiliza o mesmo princípio do ponto de equilíbrio homeostático da fisiologia e o aplica à aquisição de habilidades. A melhor maneira de acumular habilidades é escolher uma de cada vez e focar em um esforço concentrado de sessenta dias.

Por que sessenta dias?

É tempo suficiente para desenvolver um nível razoável de habilidade, mas curto o bastante para parecer factível.

Assim que você aprende uma habilidade, tê-la se torna seu novo normal. Tal como ganhar massa muscular ou andar de bicicleta, se você não usar a habilidade por um tempo, ela vai ficar enferrujada, mas voltará rapidamente.

Agora, vamos para a segunda parte do Aprendizado de Salto à Frente: ensiná-la.

Atualmente, grande parte do trabalho inclui ouvir e ler. A maioria das pessoas para por aí.

Ensinar ajuda a reter mais de 90% do que você está aprendendo, ao contrário de ouvir e ler, que geralmente resultam em cerca de 20% de retenção de conhecimento. Esses números não são científicos. Caso sejam tecnicamente precisos ou não, não é tão importante quanto o padrão: ensinar é a melhor maneira de aprender e reter o que você aprende.

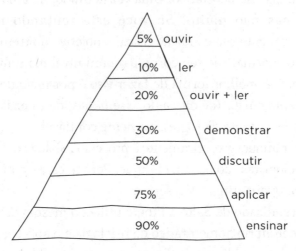

A pirâmide de aprendizado

Taxas de retenção de conhecimento

Eis três exemplos de Aprendizado de Salto à Frente:

Melhore suas habilidades nas redes sociais escolhendo uma plataforma para dominar, ouvindo podcasts, lendo conteúdos de blogs e estudando as principais contas. Após sessenta dias, crie uma apresentação de slides, convide três amigos, ofereça pizza (sem abacaxi, pois abacaxi na pizza é grave), e apresente o que você aprendeu.

Desenvolva sua filosofia pessoal de gestão de riqueza estudando tópicos como ganância e inveja, entrevistando consultores financeiros, lendo livros acerca de investimentos e ouvindo estudos de caso em que pessoas gabaritadas compartilham honestamente o que fazem com seu próprio dinheiro. Após sessenta dias, ensine sua filosofia para um ente querido ou grave um episódio de podcast sobre ela.[1]

Descubra o que fazer a respeito da inteligência artificial lendo livros e ouvindo especialistas falarem sobre como ela vai redefinir as funções profissionais no futuro. Depois disso, compile um relatório para seu setor de atividade e o envie a cinco colegas.[2]

—

O que é útil acerca de foco é que um pouco já faz uma grande diferença. Sempre que você passar por um período de salto à frente, se verá não apenas um pouco à frente de onde estava, mas muito à frente.

Aqui estão algumas lições importantes que podemos tirar...

A primeira é que você sempre pode descobrir o próximo passo.

A segunda é que o conhecimento restrito a um único setor atinge rapidamente um ponto de retorno decrescente, e por isso é perfeitamente aceitável que outros de seu setor saibam mais do que você. Na verdade, isso é ótimo.

A terceira é que combinar habilidades razoáveis em várias áreas traz benefícios exponenciais.

Minha decisão de autopublicar um livro aos 24 anos, como personal trainer, me conduziu por uma jornada, às cegas, sem saber para onde estava indo.

Escrever me forçou a me tornar um escritor melhor. Depois, tive que vender o livro, o que me levou à publicidade, redação de textos promocionais, marketing e vendas. A seguir, veio a oratória, juntamente com finanças e geração de riqueza, aumentando meu valor e minha renda a cada nova habilidade adquirida.

Desenvolvi o arcabouço de Aprendizado de Salto à Frente para me permitir me dedicar intensamente a algo por um curto período, ficar bom o suficiente em alguma coisa, reconhecer o ponto de retorno decrescente e seguir com confiança para o próximo passo.

Em termos de sucesso, é melhor você se tornar um especialista em uma coisa e apenas proficiente em diversas coisas complementares.

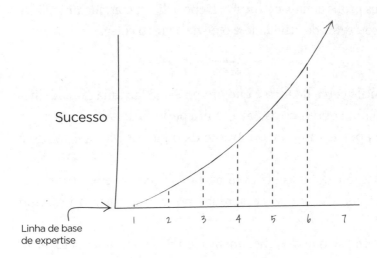

A cada Habilidade de Salto à Frente que você adiciona a sua linha de base de expertise, seu nível de sucesso melhora exponencialmente.

Não faz mal não saber tudo. Aceite que o caminho à frente é completamente escuro. Deixe seu progresso puxar você para a frente, iluminando o trajeto à medida que você avança.

A seguir, uma apreciação de que uma das coisas mais difíceis é ser sistematicamente bom por tempo suficiente para que isso renda frutos.

CAPÍTULO 8

Ficar bom o suficiente

Alemães preguiçosos, mas inteligentes – Levando uma faca para uma troca de tiros – O segundo marshmallow – Orientação – Encontrando seu "bom o suficiente"

Usain Bolt comeu mil nuggets de frango do McDonald's a caminho de conquistar três medalhas de ouro em dez dias nos Jogos Olímpicos de Pequim, em 2008.

O que parece insano faz total sentido. Ele precisava de proteína e não podia se dar ao luxo de adoecer. "Eles eram o único alimento em que eu podia confiar totalmente, sem afetar meu estômago", Bolt escreveu em sua autobiografia *Mais Rápido que um Raio*.

Eliminar até mesmo o menor risco de catástrofe muitas vezes vale a pena, mesmo que isso signifique abrir mão da otimização.

O suficiente, repetidas vezes, é como você chega à grandeza.

—

Se você vai à academia e faz o treino mais intenso do mundo, você se olha no espelho e não vê nada.

Então, se você voltar no dia seguinte e fizer outro treino intenso, vai se olhar no espelho e não vai ver nada.

No entanto, se fizer um treino decente por tempo suficiente, vai acordar um dia no futuro transformado.

Quanto tempo vai levar? Não faço ideia. Essa é a parte difícil. Simon Sinek descreve a diferença entre intensidade e constância da seguinte forma:

A intensidade é como ir ao dentista. É algo definido no tempo: sabemos exatamente a data em que vamos, sabemos quanto tempo vamos ficar lá [...] e sabemos que, quando sairmos, nossos dentes vão estar polidos e brilhantes. [...] Mas se só for isso que fizermos, todos os nossos dentes cairão.

Em outras palavras, a intensidade não é suficiente.

Assim, também devemos escovar os dentes duas vezes por dia, por dois minutos pela manhã e dois minutos à noite.

O que acontece quando escovamos os dentes por dois minutos?

Nada. Absolutamente nada. A menos que você faça isso todo santo dia. Você pode deixar de escovar um dia? Claro. Quantos dias você pode deixar de escovar? Eu realmente não sei. Quantas vezes você tem que escovar os dentes até que isso funcione? Eu também não sei.[1]

Uma boa dica a respeito de um treino é sempre deixar uma ou duas repetições de reserva.

Não completar todas as séries usando toda a sua capacidade.

Não ultrapassar seu limite máximo.

Deixar um pouco de gasolina no tanque.

Se você quer ficar em ótima forma, é melhor evitar o esforço máximo na maioria das vezes. Em vez disso, concentrar-se em acumular pequenas vitórias no exercício *ao longo do tempo*.

Além do benefício óbvio de evitar lesões, ajudar na recuperação e aumentar a motivação, a regra dos 85%, popularizada por Carl Lewis, velocista detentor de oito medalhas de ouro olímpicas, realmente melhora o desempenho tanto na condição física quanto no trabalho. Dan Go, conhecido fitness coach e escritor, compartilhou no Twitter (agora X): "Enquanto se está no fluxo, atuar a 85% é uma mentalidade acerca de relaxamento e desempenho em alto nível. É sobre ritmo, forma e finalização. A 85%, você não está se esforçando ou se desgastando ao atuar no limite de sua capacidade. Você tem espaço para pensar, focar e se adaptar".[2]

"A excelência é trivial", escreveu o sociólogo Daniel Chambliss. "A excelência é alcançada por meio da execução de ações, corriqueiras em si mesmas, realizadas sistematicamente e com cuidado, transformadas em hábito, combinadas em conjunto e somadas ao longo do tempo."

Um mistério é uma informação que ninguém sabe. Um segredo é um conhecimento oculto. Os livros e os podcasts tendem a mistificar a excelência. No caso do sucesso, segundo Chambliss: "Não há segredo: há apenas a execução de todas essas pequenas coisas, cada uma feita corretamente, repetidas vezes, até que a excelência em cada detalhe se torne um hábito firmemente arraigado, uma parte comum da vida cotidiana de alguém."[3]

Quando a nadadora Mary Meagher, ganhadora de três medalhas de ouro olímpicas, foi questionada a respeito do que o público menos entendia sobre seu esporte, ela respondeu: "As pessoas não sabem o quanto o sucesso é comum."[4]

Chegar à elite é um processo bastante sem graça.

A podcaster Steph Smith escreveu: "Na realidade, desde que você 1) escolha suas ações diárias com sensatez, e 2) execute-as sistematicamente ao longo do tempo, coisas boas acontecerão de forma confiável. [...] Para deixar claro, a constância não é necessariamente o caminho mais fácil para o sucesso, mas é o que pode ser alcançado com um nível maior de certeza."[5]

———

Nós estávamos morando em um condomínio com vista para o mar na República Dominicana. Por um mês, ficamos vendo as ondas

A ESCOLHA ÓBVIA

quebrando. Então, certo dia, a maré subiu. Em menos de vinte e quatro horas, fomos evacuados enquanto o mar destruía o resort de luxo.

"Uma moda é uma onda no mar, enquanto uma tendência é a maré", escreveram Al Ries e Jack Trout em *As 22 Leis Imutáveis do Marketing*. "Uma moda recebe muita atenção, e uma tendência recebe muito pouca. Como uma onda, uma moda é bastante visível, mas sobe e desce rapidamente. Como a maré, a tendência é quase invisível, mas é muito poderosa a longo prazo."

"Nunca faça confusão entre clareza de visão e curta distância", aconselhou Paul Saffo, professor de Stanford.[6] Táticas supérfluas e superficiais recebem atenção excessiva. É verdade que o sucesso deixa pistas. Porém, o que é visível é como um iceberg, flutuando com um sétimo de seu volume acima da água. O trabalho que realmente importa é invisível aos olhos.

Tenha cuidado com conselhos que têm a durabilidade de uma banana madura. Em vez disso, classifique as informações como permanentes ou expirantes. Pergunte-se se isso ainda funcionará em cinco anos. Os conselhos expirantes não são necessariamente ruins. No entanto, tendem a nos distrair.

A parte difícil não é escolher suas ações; é persistir nelas. Primeiro, uma história breve sobre um general alemão que foi forçado à aposentadoria por se opor a Hitler em 1934.[7] Em seguida, um incentivo para manter um ritmo constante abaixo de seu limite máximo. E, finalmente, um processo para encontrar seu lado bom o suficiente. Vamos nos aprofundar nisso.

—

Alemães preguiçosos, mas inteligentes

O general Kurt von Hammerstein-Equord era um oficial alemão conhecido por duas coisas: se opor a Hitler e a maneira como classificava os oficiais.

De acordo com Von Hammerstein, todo oficial possui pelo menos duas das seguintes qualidades: inteligente, preguiçoso, estúpido e esforçado.[8]

Uma das coisas mais difíceis de fazer é ser sistematicamente bom por tempo suficiente para que traga resultados. Os esforços diários impactantes podem ser bem pequenos quando realizados com foco. Alguns exemplos:

Se você é um pensador influente, escrever quinhentas palavras por dia levará de trinta minutos a uma hora. Faça isso por três meses e meio, e você terá o primeiro rascunho de um livro de 50 mil palavras.

Se você quer ficar em forma, três horas de exercício por semana são suficientes para reduzir o risco de doenças cardíacas, depressão, ganho de peso, diabetes, certos tipos de câncer e morte precoce. Isso representa 1,8% de seu tempo.

Se você trabalha no mercado imobiliário, dez mensagens pessoais a cada dia útil para entrar em contato com clientes em potencial resultam em 2,6 mil pessoas a que você deu atenção pessoal a cada ano.

As tarefas impactantes consomem uma pequena parte do tempo em qualquer área. Grande parte do tempo restante é preenchida com notificações, interrupções ou coisas que não temos certeza de que iremos fazer, mas achamos que talvez devêssemos por razões que não conseguimos explicar.

A ocupação constante é uma punição imposta às pessoas por causa do pensamento indiscriminado. Da negligência de tomar as poucas decisões realmente importantes. Da falta de determinação de persistir em um plano. E seguir um plano é desafiador. Por exemplo:

- É difícil seguir uma rotina de escrever quinhentas palavras por dia.
- É fácil pular de tendência em tendência, concentrando-se em qualquer conteúdo curto nas redes sociais que esteja na moda.
- É difícil ligar para dez clientes em potencial todos os dias para fazer um acompanhamento.
- É fácil se deixar convencer por uma nova ferramenta de software de última geração que mensura uma métrica pequena e em grande parte irrelevante.
- É difícil se sentir bem por saber o suficiente para agir.
- É fácil ouvir "só mais um podcast", esperando que ele guarde o segredo que você tem procurado.

O general Hammerstein-Equord sabia que o trabalho duro costuma ser mal direcionado. Sob seu comando, os oficiais preguiçosos, mas inteligentes, conseguiam as melhores posições, enquanto os estúpidos, mas esforçados, eram dispensados. Todos os outros eram mantidos e designados às funções de trabalho braçal.

As pessoas inteligentes realizam mais fazendo menos e melhor. Evitando o trabalho que não vale a pena fazer.

Tim Kreider, articulista da revista *New Yorker*, escreveu certa vez que ele era a pessoa mais preguiçosa e ambiciosa que ele conhecia.[9] Eu gosto muito disso.

———

Levando uma faca para uma troca de tiros

"É fácil se perder buscando o plano ideal para mudanças: o jeito mais rápido de perder peso, o melhor programa para ganhar massa muscular, a ideia perfeita para um trabalho paralelo", escreveu James Clear. Então, ele acrescentou que "a única maneira de alcançar a excelência é ser eternamente fascinado por fazer a mesma coisa repetidas vezes. Você precisa se apaixonar pela monotonia".

Na teoria, é uma ideia maravilhosa.

A suposição equivocada é achar que é possível buscar a monotonia. As redes sociais, os e-mails, as compras, os videogames, as notícias, a televisão e até mesmo o namoro online são todos muito bem projetados. O desafio psicológico é grande demais. "É como levar uma faca para uma troca de tiros", afirmou Tim Ferris.[10] Você não pode contar com o autocontrole ou a disciplina.

Não busque a monotonia, busque a sensação libertadora que vem quando você está satisfeito com seu ritmo.

Uma maneira simples de alcançar esse tipo de satisfação é nunca se conectar à internet. Para a maioria de nós, isso não é algo realista.

Outra maneira é adicionar mais tecnologia, como bloqueadores de sites, controladores de tempo e aplicativos de produtividade que procuram encobrir os efeitos criados por suas empresas irmãs.

Depois, há uma infinidade de drogas para foco, algumas lícitas e outras não.

Até agora, pelo visto, as únicas opções são nos afastarmos da sociedade, adicionar mais tecnologia como um quebra-galho ou consumir drogas que alteram a química cerebral. Parece horrível.

E, mesmo assim, nossos cérebros primitivos são mal preparados para enfrentar um mundo evoluído. Não podemos trocá-los por modelos atualizados. Em vez disso, precisamos trabalhar com o que temos. Para mim, um novo insight de um antigo experimento psicológico continha a resposta.

O segundo marshmallow

O experimento do marshmallow realizado na Universidade de Stanford refere-se a um estudo sobre gratificação adiada de 1972.[11] As crianças ganhavam um marshmallow e eram instruídas a esperar. Se elas não comessem até o momento que o pesquisador voltasse, ganhariam um segundo marshmallow.

Depois, as crianças foram acompanhadas por décadas. Aquelas que conseguiram adiar a gratificação – as que não enfiaram o marshmallow imediatamente na boca – tiveram mais sucesso mais tarde na vida.

Embora o poder preditivo do estudo tenha sido questionado, a ideia de que adiar a gratificação – fazer o trabalho difícil hoje e adiar a recompensa na esperança de que trará benefícios mais tarde – resultará em sucesso futuro é difícil de contestar.[12]

Fomos a um jantar de *hot pot* chinês no apartamento de minha sogra (a quem chamamos de Poh Poh) na noite anterior à escrita desta seção. Poh Poh comprou marshmallows para assar. O saco continha marshmallows cor-de-rosa e brancos. Eu não entendo por que fabricam marshmallows cor-de-rosa; eles são esquisitos. Por outro lado, os marshmallows brancos são uma dádiva dos deuses.

Antes do jantar, meu filho e eu comemos "só um". Eu era um pai responsável. Meu filho só comeu um. No entanto, eu não era um ser humano responsável: eu comi todos os brancos. *Todos.*

Eis meu problema com o estudo de 1972: eu teria comido aquele marshmallow antes mesmo de o pesquisador ficar em pé. Sou irremediavelmente viciado no imediatismo. A gratificação adiada parece legal, mas não é para mim. Meu cérebro reptiliano é muito pouco evoluído para isso. E então? Eu estou ferrado?

Muita gente é parecida comigo. Precisamos de recompensas contínuas, elogios e aprovações. Os grandes objetivos audaciosos não são motivadores. Eles estão muito distantes. Eu preciso de reforço positivo *agora*. Portanto, o processo deve se tornar tanto o foco quanto a recompensa.

Eu sei que você já ouviu isso antes. "Apaixone-se pelo processo" é um conselho que vende muitos livros de autoajuda. É bem verdade que é difícil. O melhor conselho que já recebi e nunca segui foi o de curtir a jornada.

Às vezes, porém, consigo encontrar momentos de prazer na rotina diária. Admitindo que não sou perfeito, vou compartilhar as coisas que faço quando estou fazendo algo corretamente e o que começo a fazer de novo quando me pego fazendo isso errado.

A primeira coisa é fracassar melhor e mais rápido.

O fracasso é como uma ferroada de abelha. Antes de ser picado, você é avisado que vai doer, mas não sabe quanto. Dá medo. O desconhecido sempre dá. E, naturalmente, ser picado dói. Mas depois passa, e você percebe que não foi algo sério, a vida continua e você não fica tão assustado com isso da próxima vez. O fracasso é assim. Quanto mais acontece, menos medo você sente.

A segunda coisa é dividir uma grande tarefa em partes pequenas e incluir minirrecompensas para as vitórias do processo.

Alguns exemplos:

- **Poste com mais frequência nas redes sociais** enviando um emoji de joinha para um amigo sempre que postar.
- **Escreva seu livro dividindo-o em seções de trezentas a setecentas palavras.** Coloque o título de cada seção em um cartão de anotações. Ao terminar, vire esse cartão com a face para baixo do lado esquerdo de seu computador.
- **Realize suas ligações diárias de venda mantendo vinte e cinco clipes em sua mesa.** Sempre que fizer uma ligação, coloque um clipe em um copo.

Criar uma pequena recompensa, idealmente tanto visual quanto tátil, como medida do pequeno progresso, que é representativo de algo maior, pode ajudar a mantê-lo motivado o suficiente para alcançar um grande feito.

Orientação

Quando o autor Neil Gaiman se senta para escrever, ele se dá uma opção: escrever ou não escrever.

"O que eu gosto nisso é que estou me dando permissão para escrever ou não escrever, mas escrever é, na verdade, mais interessante do que não fazer nada depois de um tempo. Você fica sentado lá e fica olhando pela janela por cinco minutos, e isso meio que acaba perdendo a graça. Aí você pensa: 'Bom, na verdade, vamos escrever algo'", disse Gaiman.[13]

Posteriormente, ele acrescentou: "Você não tem obrigação de escrever. Você tem permissão para não escrever. Mas você não tem permissão para fazer qualquer outra coisa."

Um conjunto de estudos da Universidade de Boston testou a diferença entre as expressões "Eu não" e "Eu não posso".[14]

Cento e vinte pessoas foram divididas em dois grupos. Os membros de um grupo disseram *"Eu não* como doces", e os do outro grupo disseram *"Eu não posso* comer doces". Então, foi oferecida uma barra de chocolate para eles.

O grupo do "Eu não posso" consumiu a barra 61% das vezes, enquanto o grupo do "Eu não" consumiu 36% das vezes.

Uma diferença de 25% no autocontrole foi o resultado dessa mudança sutil de palavras. Por quê? Porque "Eu não posso" é uma restrição, e não uma escolha. Por outro lado, "Eu não" mantém sua sensação de poder e autonomia pessoal.

Atualmente, estou escrevendo um livro. Este livro. Trata-se de um grande projeto. A data de lançamento está a mais de um ano de distância. Já estou trabalhando nele há um ano e meio. O objetivo de lançar este livro é simplesmente grande demais e distante demais para ser motivador.

Os objetivos são intensos, passageiros e binários.

Ou você atinge um objetivo ou não. Se não atingir, você fracassou. Se atingir, será recompensado com um prazer momentâneo e efêmero.

Após celebrar rapidamente o feito de escalar a montanha, você se sentirá vazio porque a única coisa que estava lhe dando propósito agora se foi. A única maneira de recuperar essa sensação é estabelecer outro objetivo, preparando-se para um ciclo de angústia perpétua, sempre se esforçando para chegar *lá*, nunca estando *aqui*.

O escritor britânico Alan Watts observou que somos educados desde pequenos para ter essa obsessão equivocada por objetivos:

Quando criança, você é enviado para a creche. Na creche, dizem que você está se preparando para ir ao jardim de infância. E então vem a primeira série, a segunda série, a terceira série. [...] No ensino médio, dizem que você está se preparando para a faculdade. E, na faculdade, você está se preparando para entrar no mercado de trabalho. [...] [As pessoas são] como coelhos correndo atrás de cenouras que estão na frente de seus rostos, penduradas em varas presas a suas próprias coleiras. Elas nunca estão aqui. Elas nunca chegam lá. Elas nunca estão plenamente vivas.

Talvez por isso eu odiasse a escola, mas adorava a educação.

Farei tudo o que estiver a meu alcance para tornar este livro um sucesso. Mas também sei que não consigo controlar o resultado. Assim, se não fizer sucesso, ficarei triste, e depois vou seguir em frente e começarei o próximo. Desde que eu siga esse plano, o sucesso é garantido. Quanto tempo vai levar? Não faço ideia. Será que vou saber quando eu alcançar o sucesso? Improvável.

Portanto, o lançamento do livro não é um objetivo. É mais um ponto de passagem que funciona como um farol, orientando minhas ações diárias. Quase todos os dias, às cinco da manhã, eu me sento à mesa da cozinha com a intenção de escrever durante duas horas.

Alguns dias, eu não escrevo. Alguns dias, fico olhando pela janela. Mas estou em paz com isso, porque eu me dei duas opções: escrever ou não fazer nada.

O senso comum sugere que você precisa estabelecer objetivos. Porém, se você estudar pessoas bem-sucedidas, descobrirá que a maioria não faz isso. Talvez elas tenham começado com o estabelecimento de objetivos, mas nunca atribuem seu sucesso aos objetivos. Elas atribuem isso a seus sistemas.

Os sistemas são consistentes, confiáveis e fluidos.

O pensamento orientado por sistemas vê os objetivos como faróis, ou seja, algo a ser alcançado. Eles indicam o caminho, puxando você para a frente na direção correta e ampla.

As conquistas são vistas como pontos de passagem, parte de uma jornada maior, e não como pontos finais, o fim de uma jornada e o começo de outra.

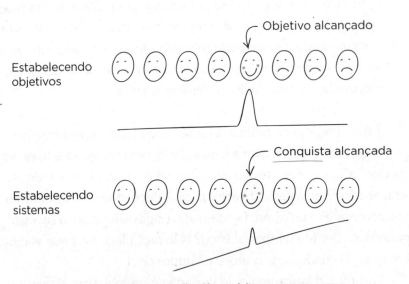

Se seu objetivo é a única coisa que lhe dá propósito, suas recompensas são efêmeras. A única maneira de recuperar a sensação positiva é estabelecer outro objetivo. O que acontece a seguir é um ciclo infeliz de alegria momentânea seguido de angústia perpétua. Por outro lado, estabelecer sistemas proporciona um prazer mais contínuo e equilibrado.

O aspecto mais importante dos sistemas é que eles focam em um conjunto de comportamentos, e não em resultados, e antecipam altos e baixos, porque ninguém é perfeito – e precisamos levar isso em conta.

Se você está no mundo dos negócios, seu objetivo pode ser ganhar mais dinheiro. Seu sistema pode ter dez conversas de vendas por dia, no mínimo. Se você faz uma venda ou não naquele dia, não é tão importante quanto fazer as ligações, porque, se você fizer as ligações, coisas boas acontecerão.

Se você está na área de fitness, seu objetivo talvez seja entrar em forma. Seu sistema pode ser tão simples quanto vestir sua roupa de treino. Se você treina ou não naquele dia não é tão importante quanto vestir sua roupa, porque, na maioria dos dias, se você vestir sua roupa de treino, vai se exercitar. Mas se não vestir, tudo bem. Porque em alguns dias você não vai estar a fim.

Se você está vivendo um relacionamento, seu objetivo não é se casar. É ser um parceiro que dá apoio.

A única maneira de se tornar o substantivo é praticar o verbo de maneira sistemática.

Os sistemas em vez dos objetivos. O processo em vez do resultado.

Então, ligação de vendas após ligação de vendas, repetição após repetição, palavra após palavra, você será puxado na direção certa.

Quanto tempo vai levar? Não sei.

Será que você vai saber quando chegar lá? Improvável. Mas isso não importa, porque, no momento em que você chegar lá, isso se tornará o novo "aqui" e haverá um novo "lá".

Mesmo assim, há muitas coisas diferentes que você poderia estar fazendo. Como decidir no que você vai se concentrar?

—

Encontrando seu "bom o suficiente"

Primeiro, dedique um tempo a uma série de testes rápidos. Experimente. Estude a si mesmo.

Faça uma lista de tudo o que você acha que deveria estar fazendo (sabendo que, no final, você só pode escolher uma coisa). Então, a cada uma ou duas semanas, tente uma de cada vez.

Por exemplo, digamos que você escolha realizar podcasts como um de seus testes. Por duas semanas, mergulhe nisso, gravando um podcast todos os dias e consumindo informações apenas sobre podcasts.

Seus ciclos de teste devem ser curtos, para que você possa passar rapidamente por vários experimentos. Eles não durarão o suficiente para obter resultados. Não faz mal. Você não está atrás de resultados, mas, sim, de confiança no processo.

Quem sabe após os podcasts você tente fazer networking com empresas locais, produzir vídeos no YouTube, bater de porta em porta ou escrever conteúdos de blog. Após cada teste, responda a três perguntas:

1. Eu gostei disso?
2. Eu acho que conseguiria ser bom nisso?
3. Se eu continuasse com isso por um ano, estaria em um lugar melhor do que estou agora?

Caso tenha respondido afirmativamente a todas as três perguntas, você encontrou o que é melhor para você: seu caminho. Então, deixe seu "bom" orientar seu desenvolvimento, focado em quatro elementos: habilidades comportamentais, conhecimento técnico, rede de contatos e execução.

Por exemplo, digamos que você escolheu criar vídeos para o YouTube.

- **Habilidades interpessoais:** ingresse em um grupo local de improvisação para aprimorar suas apresentações, seu humor e a arte de contar histórias.
- **Conhecimento técnico:** aprenda as melhores práticas para produção de vídeos, criação de *thumbnails* (imagens em miniatura) e conversão de espectadores em clientes.
- **Rede de contatos:** organize um grupo local de aspirantes a criadores de vídeo. Depois, convide youtubers conhecidos para compartilhar suas experiências com seu grupo de aspirantes.
- **Execução:** publique um vídeo semanal.

Há pouco tempo, ouvi alguém dar o conselho de descobrir no que você é bom naturalmente, e então tentar.

Eu gostei disso.

—

Era o último dia de um desses eventos de marketing, onde todos os caras pareciam estar usando o traje padrão do pessoal de marketing: jeans azul-escuro, camiseta branca de gola em V, paletó e uma bolsa de couro desbotada da Banana Republic.

O último palestrante era Michael Gerber, autor de *O Mito do Empreendedor*, com mais de 5 milhões de exemplares vendidos. Ele era diferente: sorriso largo, barba grisalha, chapéu de palha e nenhum slide.

Em silêncio por alguns instantes, ele observou o público e disse:

— Acabei de chegar, então não vi nenhum dos outros palestrantes, mas posso adivinhar o que eles disseram. Aposto que todos fizeram uma apresentação atraente de PowerPoint, exibiram um acrônimo sofisticado que descreve um sistema que vai resolver todos os seus problemas, e falaram que você poderá aprender mais se comprar os livros deles no saguão.

Atento, eu me inclinei para a frente na cadeira. Gerber continuou:

— Em minha palestra não tem nada disso. A verdade é que vou improvisando conforme avanço. Sempre fiz isso. *Vocês não percebem que também podem?*

—

Deve haver um modo "Melhor" com M maiúsculo de fazer algo. Nunca se esqueça de que aparentemente existem infinitos modos "bons o suficiente" que também funcionarão muito bem.

O que você escolhe fazer não precisa ser o melhor. Afinal, você nunca saberá se é. O importante é que seja *bom o suficiente*. Assim que você encontrar seu "bom o suficiente", pare de procurar. Claro, pode haver algo *melhor*. Porém, o efeito acumulado só começa quando você começa e cessa quando você muda ou desiste.

Encontre seu bom o suficiente, feche o livro e coloque em prática. E, sim, você pode improvisar enquanto vai fazendo. Com certeza, eu estou fazendo isso.

Agora, chegou a hora de você aprender a deixar sua identidade geek brilhar.

SEGUNDA PARTE

Como se tornar a Escolha Óbvia

CAPÍTULO 9

Deixe sua identidade geek brilhar

*Qual é mesmo minha idade? – Ken Griffey Jr. –
O algoritmo – SNASA – Eles podem pagar? –
Seu Fator de Unicidade de 1%*

Ter uma visão para seu negócio é como passar a vida inteira lendo o Twitter (agora X) e então descobrir que existem livros. O mundo deixa de ser assustador e avassalador e começa a fazer sentido.

A ansiedade e a sobrecarga não resultam da quantidade de trabalho que você tem que fazer; elas resultam de não saber se o trabalho que você está realizando faz alguma diferença.

Sua vantagem competitiva é que você é único, especial e esquisito. Todos nós somos.

—

Ben Mudge ficou conhecido na internet por causa de seu cabelo longo e sua semelhança com o Thor. Ele era bom em criar conteúdo, mas tinha dificuldade em fazer vendas, apesar de ter mais de 100 mil seguidores.

Ele não tinha nada de especial. Mesmo com uma grande audiência, ele era mais um cara musculoso que fazia vídeos legais sobre exercícios físicos na internet. Em consequência, ele era a opção razoável para muitas pessoas, mas não a Escolha Óbvia para nenhuma delas.

A ESCOLHA ÓBVIA

Ele estava evitando correr riscos, escondendo seu verdadeiro eu. Você nunca saberia disso a partir de seus vídeos, mas, em particular, Ben é um nerd *obcecado* por um jogo de fantasia com miniaturas chamado *Warhammer*.

"Seja autêntico" é um conselho que você ouve o tempo todo. "Seja fiel a si mesmo", dizem.

Você não precisa de autenticidade. Basta confiar que seu eu autêntico é suficiente.

Leve o que você faz a sério, mas não se leve tão a sério. Normas industriais arcaicas são concebidas para trazer todos para o meio – o ponto seguro –, onde ninguém perturba a ordem natural. Os clientes não compram das indústrias, eles compram de pessoas. O profissionalismo é uma mentira que precisa morrer.

A melhor maneira de se tornar a Escolha Óbvia digital é compartilhar uma obsessão nerd – uma afinidade incomum – com um conjunto de pessoas. Ser único, especial e esquisito é sua vantagem competitiva.

O Lambert's Café é um restaurante onde a equipe de funcionários joga comida nos clientes. O endereço do site é, ao pé da letra, throwedrolls.com.* O local virou ponto turístico, com ônibus fazendo fila na porta.

A Cards Against Humanity, fabricante de um jogo de cartas para adultos do mesmo nome, realiza campanhas de Black Friday satíricas e antipromocionais, como uma manifestação contrária ao consumismo. Em 2014, a empresa vendeu fezes de touro esterilizadas por 6 dólares a unidade. Mais de 30 mil pessoas compraram. O lucro foi doado para instituições beneficentes.[1]

O Sports Bra é um bar que exibe apenas esportes femininos[2] e que arrecadou 105.135 dólares no Kickstarter, um site de

---

* *Throwed rolls* significa pãezinhos arremessados. (N. T.)

financiamento coletivo, e obteve seu primeiro milhão de dólares em receita apenas oito meses após a abertura.[3]

E Ben, vejamos, Ben é um cara musculoso de Belfast que joga um jogo de batalha de fantasia de mesa chamado *Warhammer*.

O *Warhammer* é um passatempo caro que requer dinheiro sobrando. A maioria dos jogadores são homens, e muitos deles têm dificuldades em cenários sociais. Como um homem socialmente desajeitado, acredite em mim quando digo o quanto ficar musculoso e forte ajuda a se aproximar das garotas.

As mulheres me dizem que não se importam muito com bíceps vistosos, o que as atrai é a confiança. Porém, caras como eu são idiotas e não entendem isso. Então, queremos braços musculosos, e achamos que as garotas gostam disso, e isso nos dá confiança, que é o que as atrai. Acho que o que estou querendo dizer é que, de maneira indireta, braços musculosos para caras socialmente desajeitados como eu realmente ajudam a conquistar garotas. É estranho. Demorei um tempo para perceber isso.

Os jogadores de *Warhammer* têm dinheiro e sentem vontade de ficar em forma. Assim, eles são um ótimo mercado para treinamento físico. Não mais envergonhado de seu passatempo secreto e com clareza sobre o que queria vender, quem eram os clientes, e o que eles queriam, Ben precisou descobrir o próximo passo: *Onde vou encontrá-los?*

David Norquist é criador de conteúdo do *MiniWarGaming*, o maior canal do YouTube sobre *Warhammer*, com mais de meio milhão de inscritos. Ben é fã e enviou uma mensagem para Dave dizendo que estaria por perto do estúdio dele e perguntou se poderia passar lá. Dave disse que sim, e Ben reservou um voo para que realmente estivesse na área (ele mora na Irlanda, enquanto Dave está no Canadá).

Além de Ben estabelecer sua própria audiência de *Warhammer*, ele está submetendo Dave a uma transformação física documentada.

Por exemplo, em um vídeo publicado em 6 de agosto de 2023, chamado "Perdi 18 quilos para um papel em filme inspirado em *Warhammer*", Dave disse: "Ben Mudge é um cara que parece o Thor. Ele é fisiculturista, fitness coach e joga *Warhammer*... Uma combinação perfeita, não é?"[4]

"Ser diferente é melhor do que ser melhor", segundo Sally Hogshead, em seu livro *How the World Sees You*. "Ser diferente não tenta transformar você em outra coisa. Ser diferente permite que você realce as características singulares que já tem dentro de si. Você não é necessariamente melhor do que sua concorrência. Mas você já é diferente."

Não busque ser o melhor; busque ser único.

Durante anos, Ben estava jogando o jogo do coaching de condicionamento físico no modo difícil, exibindo exercícios online, criando conteúdo indiferenciado, e se perguntando por que mais pessoas não estavam comprando. Ele era bom nisso e formou um grande número de seguidores. A mágica aconteceu – seu caminho ficou claro – quando ele deixou sua identidade geek brilhar.

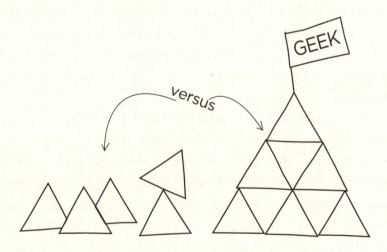

Todos nós temos peças fundamentais suficientes. O segredo é construir sua base sobre o que torna você único.

Qual é mesmo minha idade?

Aos 36 anos, decidi que não queria agir de acordo com minha idade e comprei ingressos para ir a meu primeiro festival de música eletrônica, chamado VELD, com minha mulher. No período diurno, os DJs eram ótimos. Dançamos feito loucos.

A noite chegou, e multidões começaram a chegar. Quarenta mil fãs de música eletrônica lotavam o campo quando o conhecido DJ Martin Garrix subiu ao palco.

O barulho dos alto-falantes misturado com a gritaria do público a nosso redor era ensurdecedor. Se Alison e eu quiséssemos conversar, eu teria que gritar no ouvido dela. Eu poderia ter gritado a plenos pulmões e ninguém teria ouvido o que eu disse.

Um sussurro numa noite silenciosa se destaca, mas se você está no meio de uma aglomeração em um festival de música eletrônica, ninguém ouve nem o berro mais alto.

Você se torna a Escolha Óbvia ao encontrar o espaço tranquilo, não gritando mais alto em um lugar já barulhento.

A internet está repleta de espaços tranquilos. Encontrá-los não é difícil. Para isso, você precisa aceitar que provavelmente é esquisito, e que há outros que também são esquisitos, e que é meio legal.

Saímos do festival cedo e chegamos em casa às dez e meia da noite. Foi uma noite longa para esse pai e essa mãe. Prometo continuar tentando não agir de acordo com minha idade, embora eu não seja otimista quanto a minhas chances.

—

Ken Griffey Jr.

Brian Pirrip estava fazendo um programa de viagens para a televisão, na China. Então, a covid-19 destruiu tudo o que ele havia construído durante dez anos.

Para passar o tempo, ele começou a compartilhar sua obsessão nerd: figurinhas de jogadores de beisebol.

Tudo começou com um vídeo postado em uma nova conta do TikTok, exibindo a figurinha de novato de José Canseco, produzida pela marca Donruss, no ano de 1986. Trinta e sete mil pessoas assistiram ao vídeo. No dia seguinte, ele fez outro exibindo a figurinha do novato Ken Griffey Jr., produzida pela marca Upper Deck. Nas primeiras vinte e quatro horas, 100 mil pessoas assistiram ao vídeo.

"É incrível como eu me sentia envergonhado em relação às figurinhas de jogadores de beisebol", Brian disse. "Quero dizer, isso tem sido um hobby importante para mim desde que eu era criança. Mas havia essa sensação de que, como homem adulto, eu não deveria continuar comprando figurinhas, que é algo que as crianças fazem. Quando comecei a falar sobre isso nesses últimos dois anos, percebi que é algo normal. Tem muitos caras fazendo isso."

Eu sou um desses caras. Assim como Brian, sou irracionalmente apaixonado por figurinhas de jogadores de beisebol.

Em particular, sou obcecado por minhas figurinhas de novato de Ken Giffrey Jr., e poderia ficar horas falando sobre fatos obscuros da era das figurinhas baratas dos anos 1990. Por exemplo, a conhecida figurinha de novato de Griffey da Upper Deck foi adulterada. Trata-se de uma foto retocada dele com o uniforme do time San Bernardino da liga menor. A Upper Deck se apressou para ser a primeira empresa a lançar a figurinha de novato dele. Naquela época, ele nunca tinha usado um uniforme do Seattle Mariners.[5]

Brian é a pessoa que eu mais gosto de seguir na internet.

Após decidir com quem casar e onde morar, decidir o que fazer para trabalhar é a decisão mais importante de sua vida.

Você tem duas opções: escolher um mercado pelo qual você seja irracionalmente obcecado ou encontrar uma maneira de acrescentar "esquisitice" ao que você já faz.

Em seguida, verifique se os outros compartilham sua obsessão. Em seu livro *Segredos dos Experts*, Russell Brunson sugere quatro coisas que devem existir em mercados obcecados:

1. **Comunidades** – Existem grupos, contas do YouTube, blogs e podcasts já dedicados a isso?
2. **Vocabulário** – O mercado possui a própria linguagem especial?
3. **Eventos** – Existem eventos, como conferências, encontros, seminários ou shows?
4. **Outros especialistas** – Existem outros especialistas e gurus no mercado?

"Em geral, o que acaba acontecendo com a maioria das coisas das quais sentimos vergonha na vida é que, quando começamos a falar sobre isso e a ser nosso eu autêntico, as pessoas adoram!", Brian disse.

A obsessão irracional resulta em energia ilimitada.

Em 2023, Brian passou trezentas noites em um hotel Marriot. Ele se diverte tanto conversando com outros colecionadores e donos de lojas de figurinhas que não consegue deixar de fazer isso. Brian frequenta todos os eventos e visita todas as lojas, compartilhando a jornada nas redes sociais. Como resultado, conquistou tanto um público fiel na internet quanto uma grande quantidade de contatos de colecionadores de figurinhas de beisebol.

Você ouve o conselho de se cercar de boas pessoas para ter sucesso o tempo todo. É um bom conselho, mas não é apenas de boas pessoas que você precisa. É das *suas* boas pessoas.

"Não é só o tópico sobre o qual você está obcecado todos os dias", Brian disse. "É com quem você está compartilhando essa obsessão." A qualidade de seus relacionamentos determina a qualidade de sua vida.

Quando você está pessoalmente obcecado com algo, entende isso de maneiras que outras pessoas não entendem. Quais aspectos do mercado frustram você? "Por que ninguém criou uma versão melhor disso?" Se isso incomoda você, também incomoda outras pessoas parecidas com você.

No caso de Brian, o que o incomoda é a maneira ultrapassada de exibir e guardar as figurinhas.

Em 2022, por exemplo, uma figurinha de Mickey Mantel de 1952, produzida pela Topps, foi vendida em leilão por 12,6 milhões de dólares.[6] O tesouro foi exibido em uma caixa de plástico feia, sem proteção contra a luz ultravioleta. Para os colecionadores, as figurinhas são peças artísticas. No entanto, são armazenadas em plástico de baixa qualidade e se deterioram com o tempo se expostas à luz.

Brian solucionou seu próprio problema e criou a caixa M1NT; a primeira inovação desse tipo na história de 140 anos de colecionismo de figurinhas.

Em suas viagens, Brian compartilha protótipos de sua caixa M1NT com donos de lojas de figurinhas, vendedores de feiras de negócios e podcasters. A lista de pré-venda tem milhares de nomes.

Mas não são só colecionadores. Atletas profissionais também estão nas redes sociais. Muitos deles são fãs de Brian por causa da alegria que ele está trazendo de volta ao hobby.

Ken Griffey Jr. adora a caixa M1NT. De acordo com seu empresário, Griffey a leva para todos os lugares e a mostra para as pessoas com sua figurinha de novato de 1989 da Upper Deck dentro.

Qual é a figurinha dentro da caixa que Griffey exibe? É a de Brian, da época em que ele era jovem, dada a Griffey como presente quando ele foi convidado para a casa de The Kid para bater papo sobre figurinhas.

Provavelmente, menos de 1% das pessoas que estão lendo este livro conhecem e se importam com figurinhas de jogadores. Se você é uma delas, acabamos de estabelecer uma conexão. Se não for, utilizar um exemplo específico para expor um argumento ainda é mais eficaz do que falar de forma genérica.

Eu sorri ao assistir aos vídeos de Brian. Então, enviei uma mensagem para ele para agradecer.

Logo depois, conversamos por telefone. Ele me falou a respeito da caixa M1NT – ela não havia sido anunciada publicamente – e revelou que estava prestes a procurar cinco investidores. Eu disse para ele não se preocupar, pois eu assumiria toda a rodada de captação de recursos.

Compartilhar uma obsessão irracional atrai pessoas para você: amigos, clientes, empresários e até investidores.

O algoritmo

Em 4 de dezembro de 2009, o Google começou a usar algoritmos para personalizar a internet, editando invisivelmente nossa experiência digital.[7]

"Sua bolha de filtros", de acordo com o ativista da internet Eli Pariser, "é seu próprio universo pessoal e único de informações em que você vive online".

Em 2010, o ex-CEO do Google, Eric Schmidt, afirmou: "Será muito difícil para as pessoas assistirem ou consumirem algo que não tenha sido adaptado para elas."[8]

Ao ser questionado sobre por que um algoritmo personalizado é tão importante, Mark Zuckerberg, fundador do Facebook, disse: "Um esquilo morrendo na frente de sua casa pode ser mais importante para seus interesses agora do que pessoas morrendo na África."[9] Cruel, mas, infelizmente, também é verdade.

Nossas bolhas de filtros são câmaras de eco. O que você vê na internet e o que eu vejo na internet são diferentes, mesmo que procuremos a mesma coisa. E o que vemos costuma ser *tudo* o que vemos.

Como resultado, foi criada uma quantidade quase infinita de grupos de interesse especial. Cada um tem celebridades. Cada um tem alguém famoso nessa família.

Nós damos importância às coisas que vemos com frequência, mesmo que sejamos os únicos a vê-las. A terapia da exposição é real.

—

SNASA

Christina e seu sócio eram donos de três academias de crossfit, que foram eleitas as melhores da cidade deles. Eles queriam menos estresse e mais lucro. Então, fecharam duas academias e criaram um programa, que não estava indo bem.

— Eu tenho pavor do palco — ele me disse em uma chamada de consultoria.[10]

— Eu sou supernovata. Por isso estou com medo de falar agora. Não sei o que dizer ou como falar com as pessoas, além de simplesmente ser amiga delas — ela afirmou.

Christina se sentia estagnada. Eles tinham uma reputação incrível localmente. Na internet, nem tanto.

Online, eles eram apenas mais uma conta de mídia social de fitness no meio de um mar de aspirantes a influenciadores dizendo às pessoas para fazer agachamentos, estocadas, abdominais e coisas assim.

Ninguém fora da comunidade deles, em Poughkeepsie, sabia quem eles eram. E, sim, esse é um lugar real. E, sim, farei uma viagem até lá com você. E, sim, podemos posar para uma foto juntos na frente da placa da cidade.

—

— Qual é sua obsessão nerd secreta — perguntei a Christina.

— O que você quer dizer? — ela disse.

— Além do fitness, há algo que você faz e se pergunta: "Eu sou obcecada por isso de maneira injustificável?"

— Ah, meu Deus. Astrofísica e cometologia! — ela respondeu.

— Então, tudo bem, eu vi um cometa incrível na semana passada...

Nesse momento, ela me interrompeu. Christina passou de uma pessoa tímida, com medo do palco, para alguém empolgada, interrompendo-me em menos de um minuto.

— Parece que você viu o lançamento da SpaceX no Laboratório de Propulsão a Jato de Pasadena — ela disse.

Então, Christina me contou em que direção o lançamento estava indo e descreveu a aparência dos lançamentos de foguetes no céu noturno.

Christina sabe como ajudar as pessoas a ganhar massa muscular e perder gordura. Ela poderia usar palavras rebuscadas e gravar vídeos bonitos, mas, no final das contas, é isso o que ela faz. A maioria dos clientes de fitness só precisa comer um pouco melhor e se movimentar um pouco mais. Fitness é algo simples. Não é fácil, mas é simples.

Dizer as mesmas coisas que todo mundo é cômodo. Parece seguro. Porém, existem dezenas de milhares de pessoas dizendo na internet as mesmas palavras agradáveis que você. O segredo não é algum truque de vídeo ou melhoria na qualidade da produção, e, sim, investir em seu lado geek – encontrar seu próprio caminho – para descobrir o espaço tranquilo. Neste caso, esse espaço é, literalmente, o espaço sideral.

Imagine se, em vez de promover um programa de "fique em forma para o verão", como os outros milhares de influenciadores, Christina criasse a *Space Nerd Athleticism and Sexification Association* [Associação de Atletismo e Sexualização dos Nerds do Espaço].

A SNASA.

Depois de criada, a visão de Christina ficou clara, o marketing ficou mais confortável e o mundo ficou menos assustador. Isso pode até se tornar... Divertido. Vamos brincar com esse conceito de SNASA.

- Mude os nomes dos exercícios usando uma temática do espaço sideral. Por exemplo, arremessos de bola se tornam "Big Bangs".
- Junte-se a comunidades com outros geeks do espaço sideral.
- Treine microinfluenciadores de cometologia gratuitamente.
- Apresente programas personalizados para blogs e revistas dedicados ao espaço sideral, programados em torno de lançamentos e avistamentos de meteoros.
- Foque em programas de perda de peso em torno de Plutão, porque o anão gélido e gasoso apresenta a menor força gravitacional.
- Envie um distintivo oficial de astronauta da SNASA para os novos membros.

O fitness obcecado por cometologia não é um grande mercado, mas é grande o suficiente. E se Christina criasse a SNASA, ela dominaria o espaço.

———

Eles podem pagar?

Lembra-se de Ben Mudge, apresentado no começo deste capítulo? O que eu não contei para você é que a expectativa era que ele morresse aos 38 anos. Ben tem fibrose cística.

As doenças crônicas não são apenas injustas fisicamente, mas também são injustas financeiramente. Os medicamentos necessários podem ser caros e o tratamento é limitante para certas profissões.

Ben queria ajudar sua comunidade e, então, criou uma plataforma de associação de baixo custo com ferramentas, recursos e treinos para pessoas que lutam contra a fibrose cística. Não deu certo.

Conseguir um cliente barato costuma ser tão difícil quanto conseguir um cliente que paga muito. A única diferença é que os produtos ou serviços baratos deixam você com menos lucro.

Não havia dinheiro para conseguir associados e tornar a comunidade de Ben o recurso valioso que precisava ser. Ele encerrou a plataforma e se concentrou no público do *Warhammer*.

Ben ainda tem clientes portadores de fibrose cística e é um paladino da comunidade, mas ele se deu conta de que a melhor maneira de ajudá-la não era tentar ganhar dinheiro com ela, e, sim, construir um negócio altamente lucrativo em outro lugar e usá-lo para servir seus companheiros de infortúnio.

Russell Brunson, novamente em seu livro *Segredos dos Experts*, escreveu: "Às vezes, as pessoas estão DISPOSTAS a gastar dinheiro, mas não são CAPAZES. Elas estão sem dinheiro. Outras vezes, as pessoas têm todo o dinheiro do mundo. Elas são CAPAZES, mas NÃO estão DISPOSTAS a abrir a carteira."

Para demonstrar a diferença, Brunson deu o exemplo de duas pessoas que fracassaram tentando vender informações. A primeira estava no mercado de videogames. As crianças que seu amigo atraiu queriam o produto, mas não tinham dinheiro. A segunda prestava serviços de desenvolvimento de negócios para engenheiros. Como Brunson afirmou, essa gente tinha dinheiro, mas não estava disposta a gastá-lo com coaching.

A Escolha Óbvia encontra o submercado geek que está disposto e tem condições de gastar dinheiro.

———

O Fator de Unicidade de 1%

O seguinte arcabouço de três etapas para você encontrar seu caminho provém de meu manual *The Fundamentals of Online Training*.[11] Ele é específico para fitness, mas pode ser aplicado a qualquer setor.

Etapa 1: Divida tudo o que você faz em quatro grandes mercados.

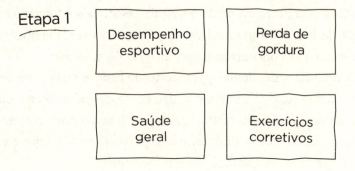

Etapa 2: Divida cada mercado que se aplica ao seu em três ou quatro submercados.

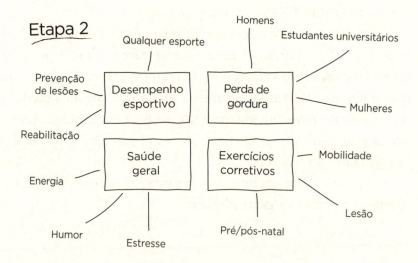

Etapa 3: Adicione sua unicidade

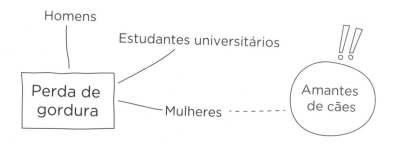

Você pode baixar uma planilha de sua própria Unicidade de 1% em www.JonathanGoodman.com/Unique.

Após restringir, passe seu Fator de Unicidade de 1% por um filtro rápido de três partes:

1. Ele é único?
2. As pessoas são irracionalmente apaixonadas por isso?
3. Essas pessoas estão dispostas a gastar dinheiro e são capazes de fazer isso?

Se você responder sim a todas as três perguntas, está pronto para seguir em frente. Como Rhonda.

Rhonda é a Escolha Óbvia para as pessoas que querem adestrar seus cães.

O fitness canino é coisa séria. Ela é certificada nisso.

Existem dias especiais para os cães durante todo o ano. Há dias especiais para tudo. Literalmente, tudo. Eles são ótimas oportunidades para marketing e relações públicas.

O dia 8 de agosto é o Dia Nacional do Boliche. A primeira sexta-feira de novembro é o Dia de Amar seu Advogado. O 4 de outubro é o Dia Nacional do *Taco*, mas os *tacos* são tão maravilhosos que merecem mais de um dia. O 25 de janeiro é o Dia Nacional do *Taco* de Peixe, e 21 de março é o Dia Nacional do *Taco* Crocante.

Os dias especiais do ano são fáceis de usar para promoções. Tudo o que você precisa é de seu Fator de Unicidade de 1%.

Por exemplo, 14 de janeiro é o Dia de Fantasiar seu Animal de Estimação. Rhonda poderia entrar em contato com um influenciador especializado em cães no Instagram e se oferecer para realizar um vídeo de colaboração, em que ela compraria uma fantasia, e eles gravariam um treino para cães.

O mês de fevereiro é o Mês da Saúde Dental dos Animais de Estimação. Ela faria uma parceria com dentistas de cães para apresentar treinos para cães.

O dia 3 de fevereiro é o Dia Nacional do Golden Retriever. Ela se juntaria a um golden retriever conhecido na internet para um treino.

O dia 30 de abril é o Dia Nacional de Adotar um Pet de Abrigo. Ela ligaria para as mídias locais e diria que iria fazer um treino para pessoas e cães para arrecadar dinheiro e conscientizar a respeito do abrigo local.[12]

Muitas pessoas do mundo fitness estão tentando ser a melhor escolha e estão com dificuldades. Para o público dela, Rhonda é a

Escolha Óbvia porque ela focou no 1% que a faz ser diferente, e não nos 99% que a fazem ser igual.

Ser diferente é melhor do que ser melhor.

A seguir, por que pessoas inteligentes tendem a tornar coisas como conseguir clientes, contratar e obter indicações mais difíceis do que realmente são?

CAPÍTULO 10

Descubra a resposta fácil

Conquista fácil de clientes – Escolhendo o difícil –
Contratação fácil – Indicações fáceis – Tirar o goleiro
– A regra lógica da Vila Sésamo

Um entrevistador perguntou a Herb Kelleher, fundador e CEO da Southwest Airlines, qual era o truque de sua empresa para fazer os funcionários sorrirem o tempo todo.

"É fácil", respondeu Kelleher. "Nós só contratamos pessoas sorridentes."[1]

As pessoas inteligentes tendem a complicar demais as coisas.

——

Em países de baixa e média renda, 99% das mortes de recém-nascidos ocorrem onde uma incubadora tem um custo proibitivo de 25 mil dólares. Em 2007, os estudantes de pós-graduação de Stanford foram desafiados a projetar uma incubadora com 1% desse valor.[2]

A equipe de engenheiros elétricos, cientistas da computação e estudantes de MBA testou materiais mais baratos e fez um projeto de engenharia mais eficiente para reduzir os custos. Depois, eles viajaram para Kathmandu.

No Nepal, eles viram incubadoras vazias. Informaram a eles que o problema não era a falta de incubadoras nas maternidades, e, sim, o fato de que as mães viviam em vilarejos rurais distantes, com fornecimento de energia elétrica não confiável.

A questão não é o quanto você é inteligente, mas a maneira como você usa sua inteligência. Antes de intensificar seus esforços, certifique-se de que está no caminho certo. Antes de trabalhar em uma solução, tenha certeza de que você compreende o problema.

Os bebês prematuros não conseguem manter a temperatura corporal. As incubadoras mantém o corpo deles a 37 °C.[3] O deslocamento até os hospitais regionais pode levar até um dia (se a mãe tiver condições de pagar). Os bebês costumam morrer no caminho.

Os hospitais não precisam de incubadoras mais baratas. As clínicas médicas remotas precisavam de um jeito de manter os bebês aquecidos sem energia elétrica.

O resultado foi o Embrace Infant Warmer, que é um saco de dormir com uma bolsa que pode ser reaquecida centenas de vezes com água quente. Custa 20 dólares para ser fabricado (mil vezes mais barato que uma incubadora), e já salvou centenas de milhares de vidas.[4]

A maneira de ver as coisas faz toda a diferença.

As ideias baseadas em planilhas costumam ser uma solução inadequada. O uso de um método rude – fazer mais do mesmo que não está funcionando, apenas com mais intensidade ou rapidez – é resultado de um pensamento estreito. Inserir nossos vieses já existentes nos protege de verdades elegantes.

Raramente, os problemas complexos exigem soluções complexas. Mais alguns exemplos:

A Autoridade de Transporte de Toronto instalou um relógio de contagem regressiva em cada estação. Em vez de fazer os trens andarem mais rápido, reduziram a incerteza sobre o tempo de espera.

Jay Sorensen inventou a capa para copo de café em 1991.[5] Em vez de projetar um copo de café para viagem com mais isolamento térmico, ele criou uma capa barata.

Por falar em café, a Starbucks sabe que as pessoas se mostram dispostas a esperar mais tempo depois que fazem o pedido. Em vez de acelerar o processo de preparo da bebida, os funcionários anotam seu pedido rapidamente. Fácil.

—

Em 2022, os mercados farmacêutico, de vitaminas e suplementos valiam 660 bilhões de dólares.

Todo o restante dos mercados de fitness, saúde e academias juntos geraram apenas 30 bilhões de dólares.

Isso é insano. As curas e as soluções rápidas não deveriam representar vinte e uma vezes mais faturamento do que a prevenção.[6] Sem dúvida, evitar as doenças é mais valioso do que tratar os sintomas.

A estatística acima é chocante por dois motivos que não são discutidos suficientemente:

1. Estímulo intelectual individual
2. Prestígio

A prevenção não pode ser medida no instante. O resultado é um vazio desconfortável. Em resposta, adicionamos complexidade desnecessária para nos dar a impressão reconfortante de controle.

"Convencer alguém a parar de fumar é um exercício psicológico. Não tem nada a ver com moléculas, genes e células. Portanto, pessoas como eu não estão muito interessadas nisso", afirmou Robert Weinberg, pesquisador de câncer no MIT. A cura é mais intelectualmente estimulante do que a prevenção.[7]

"Se não há guerra, você não tem um grande general", disse Theodore Roosevelt.[8] Quando algo ruim acontece e é resolvido, há uma recompensa. Quando nada ruim acontece, não há nada para resolver e ninguém é recompensado. Esse é um conceito difícil de compreender.

Para deixar claro, pesquisadores de câncer, como Robert Weinberg, realizam um trabalho importante. O tratamento é algo extremamente valioso. Porém, é fascinante considerar o quanto o estímulo intelectual individual e o prestígio impactam nossa abordagem para solucionar nossos próprios problemas.

Desde a juventude, fomos doutrinados a pensar que tem que ser difícil se for para funcionar. Isso simplesmente não é verdade.

Neste capítulo, meu objetivo é apresentar uma maneira mais fácil de conseguir clientes, contratar e obter indicações em algumas poucas palavras. Uma tarefa e tanto.

Mas, primeiro, uma breve história sobre como as pessoas demoraram a usar cintos de segurança.

—

Conquista fácil de clientes

Em 1955, 37 mil americanos morreram em acidentes de carro. Ajustando isso para a quantidade de quilômetros percorridos, equivale a seis vezes a taxa de hoje, ou seja, 258 mil mortes.

No mesmo ano, a Ford começou a oferecer cintos de segurança em seus carros por 27 dólares (equivalente a 300 dólares em 2023, ajustado pela inflação). Apesar de as pesquisas mostrarem uma redução de 70% na taxa de mortalidade, apenas 2% dos clientes adquiriram o opcional em 1956.

Em 1968, o Congresso tornou obrigatória a instalação de cintos de segurança em todos os carros, mas seu uso continuou voluntário. A maioria dos americanos não os utilizava. Mesmo em 1983, o uso dos cintos de segurança *ainda* era inferior a 15%. Foram necessários quase cinquenta anos para que o uso do cinto de segurança ultrapassasse 80%.[9]

A maioria das pessoas nunca muda. Elas têm suas preferências e seguem com elas. Em certos casos, como em relação aos cintos de segurança, a mudança acaba acontecendo, mas de maneira aflitivamente lenta.

Resistir à mudança é um comportamento humano perfeitamente normal.

Assim, se você precisa que as pessoas mudem para comprar seu produto, está jogando o jogo dos negócios no modo difícil. É muito mais fácil encontrar pessoas que já estão fazendo o que você quer que elas façam e incentivá-las a fazer mais disso.

Atualmente, Joel Weldon é um palestrante profissional de renome. No entanto, ele passou dificuldades no início. Em 1971, ele precisou fazer 1,2 mil ligações para fechar uma venda de fitas sobre sucesso pessoal e profissional de autoria de Earl Nightingale.

"O pacote custava 175 dólares, incluindo seis fitas cassete e um livro encadernado em fichário [cerca de 1,3 mil dólares em 2023, ajustado pela inflação]. E tínhamos que fornecer um gravador, porque as pessoas nem sequer tinham um reprodutor de fitas cassete naquele tempo. [...] Eu liguei para pessoas que eu sabia que poderiam se beneficiar do material. Elas escutavam, mas não tinham condições para pagar ou não queriam gastar o dinheiro", disse Weldon.

Desesperado, Weldon ligou para a pessoa mais bem-sucedida que conhecia: um incorporador imobiliário chamado David Jones. Cinco minutos após ouvir um trecho da fita de Nightingale, ele disse:

— Pare. Há mais dessas? Eu quero todas.

— Você quer todas? Você é o cara mais bem-sucedido que eu conheço. Por que você iria querer isso? — perguntou Weldon.

— Porque eu preciso ser lembrado disso — respondeu David.

Joel confessou suas dificuldades dizendo a David que estava ligando para as pessoas que precisavam de ajuda – aquelas que estavam enfrentando problemas no casamento e nos negócios –, mas ninguém estava comprando.

— Você está falando com as pessoas erradas. Você precisa falar com as pessoas bem-sucedidas — disse David.

Weldon aprendeu a lição e fez a mudança. Nos anos seguintes, ele se tornou o melhor vendedor da organização Nightingale--Conant.

"Quando se trata de vender sucesso, você entra em contato com pessoas bem-sucedidas. Quando se trata de vender melhoria, você entra em contato com pessoas já comprometidas com a melhoria. Se você der uma olhada numa academia, quem são as pessoas que já estão lá? As pessoas em forma!", disse Weldon.[10]

Pessoas que compram, compram muito. Pessoas que não compram, não compram nada.

Alguns exemplos:

- **Se você vende brinquedos de silicone para bebês,** faça parcerias com empresas de sistemas de purificação de ar para casas. Os pais que se preocupam em eliminar toxinas se preocupam muito.
- **Se você escreve fanfics,** foque nos leitores existentes. As pessoas que leem esse gênero leem muito.
- **Se você produz queijo gourmet,** faça análises semanais das melhores torradas. As pessoas que petiscam, petiscam muito. (Pergunte-me como eu sei.)

Tentar convencer alguém a mudar para comprar de você é difícil. Em vez disso, encontre pessoas que já estão fazendo o que você ajuda os outros a fazer e as incentive a fazer mais disso com você.

Hoje em dia, Clay Hebert é um dos estrategistas de marca mais requisitados dos Estados Unidos. Na juventude, ele vendia barras de chocolate na frente de um supermercado como parte de uma campanha de arrecadação de fundos escolar.

O insight principal de Clay foi que: "Não é uma questão da barra de chocolate. É uma questão da pessoa querendo ajudar uma criança morrendo de frio porque tinha que ficar do lado de fora."

"Assim, fiz minha primeira, e espero que última (um pouco), campanha de marketing não ética, que foi a seguinte: eu trouxe as roupas de meu irmão mais velho em uma sacola de supermercado e, depois que seis pessoas tinham comprado as barras de chocolate na entrada, eu corria até a esquina, trocava de roupa e aquelas mesmas pessoas voltavam a comprar na saída", disse Clay.[11]

James é um conhecido meu que vende pacotes de coaching na internet por 5 mil dólares, enquanto vários de seus colegas têm dificuldades para cobrar 500 dólares.

Se eu dissesse o nome verdadeiro dele, você não conseguiria encontrá-lo na internet. Ele não usa redes sociais, não veicula anúncios e não tem um site. Sua única presença é um formulário de inscrição hospedado no Google.

Nem sempre foi assim. Não faz muito tempo, James estava enfrentando dificuldades. Seus anúncios pagos não estavam dando retorno.

Como último recurso, ele investiu tudo o que tinha em um grupo de mentoria empresarial. Custou 10 mil dólares. Ele dividiu o investimento em doze meses. Seu objetivo inicial era aprender a escrever melhor textos publicitários, criar conteúdos mais atraentes e produzir anúncios pagos mais eficazes. Ele achava que essas eram as únicas maneiras de conseguir clientes.

As questões sobre mentalidade, saúde mental, fitness e nutrição sempre surgiam no grupo de mentoria. James dava respostas detalhadas. Ele se tornou o especialista de bem-estar neste grupo de pessoas de alto desempenho.

O grupo de mentoria estava cheio de homens que já estavam investindo mais de 10 mil dólares por ano em desenvolvimento pessoal. Isso significa o seguinte:

1. Esses homens têm dinheiro.
2. Esses homens gastam dinheiro.

3. Esses homens já estão investindo em coaching para si mesmos a fim de construir um futuro melhor.

As pessoas que contratam coaches caros na internet contratam muitos coaches. E as pessoas que não contratam não contratam.

Os integrantes do grupo de mentoria começaram a contratá-lo.

Ao perceber que tinha encontrado uma mina de ouro, James ingressou em outro grupo de mentoria com o ganho de seus primeiros três clientes e repetiu o processo. Ele agora gasta mais de 100 mil dólares por ano nesses grupos e ganha mais de 1 milhão de dólares. Desde então, James não criou nenhum conteúdo nas redes sociais nem pagou por anúncios.

Se não existir um grupo de mentoria que seja caro, o exemplo não se aplica a você, ou se for simplesmente caro para você participar no momento, então crie seu próprio grupo, comunidade ou evento.

Por exemplo, se eu fosse proprietário de uma floricultura e quisesse me tornar a Escolha Óbvia, formaria um grupo de produtores locais para compartilhar dicas e truques.

Então, eu criaria uma série de prêmios por categoria para os melhores jardins locais e organizaria um evento anual dedicado a jardins (patrocinado por outras empresas locais), onde pessoas trajadas com elegância tomariam bebidas alcoólicas borbulhantes em taças finas durante o anúncio dos vencedores.

Em seguida, eu imprimiria placas de jardim para os participantes exibirem orgulhosamente em seus jardins, divulgando tanto indicações aos prêmios quanto prêmios, com o nome de minha floricultura colocado em destaque, é claro.

Por quê? Porque as pessoas que praticam jardinagem compram flores. E pessoas que não praticam, não compram.

———

Escolhendo o difícil

O fácil não significa necessariamente o melhor. Você pode escolher o difícil.

Vou explicar rapidinho.

Há uma piada no mundo fitness que diz que pessoas em forma não precisam de academia. "Já deu, vá para casa." Mas claro que não é assim. As pessoas que já estão em forma investem o máximo de tempo e dinheiro em fitness, apesar de precisarem menos disso.

A maneira mais fácil de ganhar dinheiro com fitness é ter como alvo pessoas já em forma e ignorar quem está fora de forma.

As pessoas solidárias dizem que querem ajudar os outros. A triste realidade é que algumas pessoas não estão dispostas a investir em serem ajudadas.

Eu gostaria que não fosse assim.

Há definições diferentes de sucesso profissional. Se você trabalha com fitness, pode decidir que, embora seja mais difícil construir um negócio, é pessoalmente mais gratificante ajudar pessoas sedentárias ou com sobrepeso.

Não há certo ou errado. No entanto, há o que é mais fácil e o que é mais difícil.

Você ainda pode decidir enfrentar problemas mais difíceis por razões que podem ser muito nobres. Muita gente faz isso.

—

Contratação fácil

O Four Seasons Hotels and Resorts emprega 45 mil pessoas. O processo de recrutamento e contratação é robusto.

No entanto, para contratar seu primeiro funcionário, Isadore "Issy" Sharp, o fundador do Four Seasons, não aceitou currículos. Em vez disso, ele entrou no hotel mais renomado de Toronto na época (o

Westbury) e perguntou ao gerente se ele conhecia alguém que estava procurando emprego. O gerente o apresentou a Ian Munro.

De acordo com Issy, no podcast *Big Shot*, eis como a entrevista se desenrolou:

> Eu entrei e conheci esse homem. Falei para ele sobre o que eu pretendia fazer, e ele me deu a lista de coisas que já tinha feito. E tivemos uma conversa agradável e cativante.
>
> Então, eu o contratei.
>
> Agora, eu não sabia como entrevistar pessoas e como contratá-las. Eu era um cara do ramo de construção de 25 anos. E, bem, foi assim que tudo começou.[12]

Issy sabia o que ele não sabia.

"Contrate com calma, demita rapidamente", dizem. E talvez seja um bom conselho. Porém, em minha experiência, as pessoas tornam isso mais difícil do que é necessário no começo.

Todos os conselhos que encontrei sobre contratações são para grandes empresas, ignorando o fato de que todas as grandes empresas começaram como pequenas. E quando essas empresas menores contrataram no início, não sabiam o que estavam fazendo.

Entrevistar alguém para um emprego é uma tarefa quase impossível de tão difícil. Os profissionais que dedicam sua vida a isso só fazem a escolha certa 30% das vezes.

—

Uma página do Instagram que acompanho, com 650 mil seguidores, fez uma postagem procurando seu primeiro funcionário: um profissional de atendimento ao cliente que trabalhasse por meio período. No dia seguinte, publicaram uma história dizendo que receberam quinhentas respostas e estavam lendo cada uma, e pediram a sua audiência para ter paciência.

Que desperdício incrível de tempo.

Eles têm um aplicativo. Em vinte minutos, examinariam algumas postagens da comunidade, encontrariam uma pessoa naturalmente atenciosa e simpática, entrariam em contato e ofereceriam o emprego.

Ao procurar contratar no começo, admita sua ignorância. Como Issy, comece encontrando pessoas que já estão fazendo o que você precisa.

Pense, onde a habilidade que você precisa já está sendo demonstrada em alto nível?

Almocei com um homem que comandava o departamento de uma das maiores empresas americanas de liquidificadores. Ele me contou sobre seu primeiro dia de trabalho ao lado do presidente da empresa. (A conversa a seguir foi parafraseada.)

— Não se sente. Nós vamos recrutar pessoal — disse o presidente.

Eles entraram numa loja de brinquedos em Nova York. Supostamente, essa loja contratava artistas de teatro e os vestia como personagens de filmes.

— Nossa empresa — o presidente explicou — vende por meio de demonstrações ao vivo em lojas. Ensinar nosso pessoal sobre liquidificadores é a parte fácil. O que precisamos é de artistas que consigam envolver o público.

A loja de brinquedos fez o trabalho difícil de encontrar atores que fazem improvisações e apresentá-los ao público. O presidente se aproximou dos melhores atores e entregou um cartão de visitas, dizendo: "Se você quiser ganhar dinheiro de verdade, me ligue." Recrutamento concluído.

Mais um exemplo.

Durante oito anos, publiquei um resumo semanal do melhor conteúdo sobre fitness na internet. Isso se tornou o padrão do setor.

Dezenas de milhares de personal trainers contavam conosco para elaborar sua educação continuada.

Eu precisei contratar duas pessoas de fora de minha empresa para selecionar o conteúdo. Às 19h45 de uma sexta-feira, publiquei uma mensagem no Facebook que dizia: "Se você está lendo blogs sobre fitness agora, envie uma mensagem para mim com os dois últimos posts que você leu. Quero pagar por isso que você está fazendo."

Apenas nerds obsessivos leem blogs sobre fitness nas noites de sexta-feira. Foi um processo de recrutamento e seleção fácil. Levou quinze minutos.

—

Indicações fáceis

Atualmente, Giovanni "Gio" Marsico dirige a Archangel Academy, uma das maiores comunidades de empreendedores centrados em princípios. Em 2006, ele era um consultor de marketing que transformou um pequeno estúdio de fitness em um negócio multimilionário.

Primeiro, Gio fez uma lista de todos os outros lugares onde um membro da academia também poderia investir tempo, energia e dinheiro. Depois, ele fez uma pesquisa entre os membros da academia, perguntando quais eram as opções preferidas de sua lista, que incluía clínicas de bronzeamento, salões de beleza, consultórios de massoterapia, spas, clínicas de quiropraxia, entre outros.

Pense, quem são as pessoas e quais são os outros negócios semelhantes ao seu que elas compram?

Com base nos dados da pesquisa, Gio entrou em contato com as principais escolhas de cada categoria. Aqui está um exemplo do que ele disse:

"Olá, eu sou da Bodies by Design. Perguntamos a nossos membros qual era o spa preferido deles na região, e o seu spa ficou em primeiro lugar. Podemos mandar mais pessoas para aí?"

Claro que a resposta foi sim.

Então, Gio pediu uma promoção ou desconto introdutório para repassar e incluiu isso em um livreto de vales-presentes distribuído aos membros da academia, intitulado Nossos Lugares Favoritos.

Essa medida conquistou a simpatia de outros negócios.

Em seguida, Giovanni escreveu uma carta para cada um dos outros negócios enviarem a seus clientes, dizendo: "Já sabemos que muitos de vocês adoram a Bodies by Design. Se você ainda não é um membro, Chris, o proprietário, quer pagar por sua primeira sessão. Aqui estão três vales-presentes para você e mais dois amigos."

De um dia para o outro, a Bodies by Design se tornou a Escolha Óbvia em sua comunidade.[13]

Há três regras a seguir para conseguir indicações de outros negócios:

1. Dê antes de receber.
2. Facilite para o outro dono de negócio.
3. Torne atraente para o cliente.

Sempre que uma pessoa me pergunta o que fazer, porque seu conteúdo não está se convertendo em resultados, sei que ela está esperando um truque de algoritmo ou um segredo de mudança em vendas, como se houvesse algo quase misticamente complicado que ela está deixando escapar e que, assim que ela descobrir, todos os problemas serão resolvidos.

Em vez disso, peço para ela me falar sobre o melhor cliente com quem já trabalhou. Após a resposta, pergunto de onde veio o cliente.

Eu passei por esse processo pelo menos trinta vezes. As pessoas nunca me responderam "redes sociais". Nenhuma vez. Sempre foi algum tipo de indicação boca a boca. E, ainda assim, continuam focando nas redes sociais, postando várias vezes por semana, atribuindo as indicações à sorte, ao acaso ou à coincidência.

Quero deixar claro: as redes sociais podem funcionar, mas é mais difícil. Ao ignorar o trabalho de criar o conteúdo, as pessoas nas redes sociais não têm motivo para confiar em você. Para elas, você é apenas mais uma pessoa na internet.

A venda mais fácil que você vai fazer será para um cliente indicado.

As indicações podem vir de negócios complementares, como no exemplo anterior. Ou podem vir de clientes já existentes. Porém, como você verá no próximo exemplo de uma empresa, pedir indicações aos clientes já existentes não funciona. Por outro lado, fazer seu cliente se sentir uma estrela funciona.

Mike Doehla comandava uma empresa de coaching de nutrição chamada StrongerU. Ele oferecia vales-presentes para as lojas de roupas favoritas dos clientes mais bem-sucedidos no coaching, pois as roupas antigas já não serviam mais. Não era um vale-presente em troca de indicações, era uma maneira de os clientes celebrarem seu próprio sucesso.

A compra de novas roupas após perder peso é algo significativo. Com razão, seus clientes comemoravam isso (como o incentivo de Mike), tirando fotos na loja e publicando nas redes sociais.

Os amigos e familiares os parabenizavam e enviavam mensagens perguntando como eles tinham emagrecido. Mike conseguia as indicações.[14]

Após fazer isso por alguns anos, Mike vendeu sua empresa de coaching por uma quantia multimilionária e se aposentou com menos de 40 anos.[15]

Receber indicações é algo difícil de ensinar, porque envolve um ensino psicológico, e não um ensino econômico. Em termos de valor monetário, sempre é um mau negócio para os clientes. Eles estão enviando um cliente valioso para você e, em troca, você lhes dá o quê... um vale-presente para uma cafeteria?

Trata-se de uma troca social, e não econômica. Faça seus clientes se sentirem as estrelas que são, e eles irão trazer para você mais negócios do que você consegue lidar.

As indicações também podem vir da comunidade local. Um último exemplo:

Meu filho passou uma semana no acampamento de verão. Ele ganhou o prêmio de "mérito comunitário" para seu grupo.

Não fique impressionado. Crianças ganham prêmios toda semana.

No dia seguinte, vi uma placa em nosso jardim que dizia: "Meu filho acabou de ganhar o prêmio de mérito comunitário no Acampamento Esportivo de Super diversão" (nome alterado por questões de privacidade). O acampamento colocou a placa lá.

Genial.

Meu filho estava orgulhoso do prêmio. Deixamos a placa lá por um tempo. Nosso vizinho viu e perguntou se meu filho gostou do acampamento. Eu respondi afirmativamente. Ele matriculou seu filho para a semana seguinte.

Você pode acessar um episódio incrível de podcast que se aprofunda na questão de indicações, com exemplos adicionais e técnicas mais detalhadas, em www.JonathanGoodman.com/Referral.

Tirar o goleiro

Se um time de hóquei estiver perdendo no final do jogo, o treinador tira o goleiro em favor de um atacante extra.

É um risco que dá à equipe perdedora uma chance maior de marcar um gol e empatar o jogo, mas também aumenta a chance de sofrer um gol e passar vergonha.

O costume é tirar o goleiro faltando um ou dois minutos para o término da partida. Todo torcedor canadense sabe disso. No entanto, os dados sugerem uma história diferente.

Segundo o artigo "Pulling the Goalie: Hockey and Investment Opportunities" [Tirar o goleiro: o hóquei e as oportunidades de investimento], é irresponsável esperar tanto tempo. Em vez disso, um goleiro deve ser tirado:

- Seis minutos e dez segundos antes do término da partida quando o time estiver perdendo por um gol de diferença.
- Onze minutos e trinta segundos antes do término da partida quando o time estiver perdendo por dois gols de diferença.

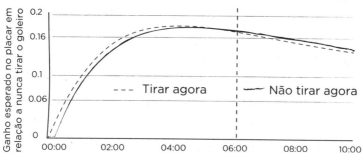

Asness, Cliff S., e Brown, Aaron, "Pulling the Goalie: Hockey and Investment Implications", 1º de março de 2018. Disponível em SSRN: https://ssrn.com/abstract=3132563.

Desculpe. E não sei bem pelo que estou me desculpando, mas o canadense em mim sente vontade de pedir desculpas. Tirar o goleiro quase quadruplica a probabilidade de o adversário marcar, enquanto nem sequer dobra a própria chance de marcar.[16]

A posição na tabela é importante; a quantidade de gols não é. Perder por dois gols (ou dez) não é pior do que perder por um. Os dois resultam em zero ponto na tabela de classificação. Portanto, um time ganha muito ao marcar, e perde pouco ao sofrer um gol.

A prática da retirada ideal do goleiro ganha, em média, 0,05 a mais por jogo. Em uma temporada de oitenta e dois jogos, são 4,18 pontos extras, o suficiente para fazer uma diferença significativa na tabela de classificação no fim do campeonato. E daí que as derrotas sejam por goleada?

Com frequência, os costumes arraigados estão errados.

Os dados desempenham um papel central em outros esportes. Isso levou a mais tentativas de arremessos de três pontos no basquete, permanência dos arremessadores por um período de tempo menor no beisebol e tentativas arriscadas de conversão no quarto *down* no futebol americano, como a realizada pelo Philadelphia Eagles no Super Bowl de 2018, quando o *quarterback* Nick Foles recebeu um passe na zona de *touchdown*.[17]

Tentar a conversão no quarto *down* e gol, com três pontos de desvantagem no segundo quarto, foi uma decisão de jogo arriscada de Doug Pederson, o técnico do Eagles. O costume era dar um chute de gol de campo fácil para empatar o jogo. Se a jogada de truque não funcionasse, teria sido lembrada como uma das piores decisões de jogo da história. Pederson ia ser o herói ou o perdedor.

Os técnicos não são realmente recompensados por vencer. Eles são recompensados por serem percebidos como bons técnicos. Os dois estão intimamente relacionados, mas não são a mesma coisa.

"Os pecados de intervenção são muito mais óbvios do que os pecados de omissão. O técnico de hóquei que tira o goleiro restando dez minutos e perdendo por dois gols de diferença, e acaba perdendo por cinco gols de diferença, será alvo de críticas duras de todos os lados. Já um técnico que está perdendo por um gol de diferença e tira o goleiro só no último minuto pode manter a cabeça erguida e dizer que seus jogadores se esforçaram, mas a sorte não os favoreceu naquela noite; foi um jogo parelho, e eles vão trabalhar ainda mais duro para ter sorte amanhã", escreveram Clifford Asness e Aaron Brown, os autores do artigo sobre tirar o goleiro.

"Basicamente, vencer jogando feio é desvalorizado em comparação com perder jogando bonito; e perder jogando feio pode ser um suicídio profissional", eles acrescentaram.

As pessoas têm motivações conflitantes:

1. Tomar a decisão certa, e
2. Sentir que podemos justificar por que tomamos uma decisão caso as coisas deem errado.

Seguir costumes equivocados e perder preserva nosso status. Ser discordante, mesmo quando estamos objetivamente corretos, parece arriscado.

"Nós nos tornamos bons no que praticamos, mesmo que isso não seja benéfico para nós", escreveu Dandapani, sacerdote hindu e coach empresarial. "Aonde a consciência vai, a energia flui", acrescentou.

"A melhor maneira de entender essa afirmação é olhar para a energia da mesma forma que você olha para a água", disse Dandapani. "Se eu pegasse um regador e regasse um canteiro de jardim, será que cresceriam as ervas daninhas ou as flores? A resposta é: as duas, porque a água não tem capacidade de diferenciar entre ervas daninhas e flores. O que quer que seja regado no jardim começará a crescer. A energia funciona exatamente da mesma maneira."[18]

Descobrir sua facilidade consiste realmente em concentrar sua energia nos problemas certos, mesmo que isso desafie a maneira como as coisas "deveriam" ser feitas.

Tire o goleiro.

—

A regra lógica da Vila Sésamo

Shane Snow é um jornalista de ciências e negócios que foi contratado para obrigar executivos a assistir ao programa *Vila Sésamo*.[19]

Em um episódio, Elmo quer dar um biscoito para sua amiga, uma pedra. A pedra não tem boca. Bem, porque é uma pedra...

Snow, então, pergunta aos executivos como Elmo está se sentindo. Eles respondem que Elmo está zangado e que a pedra está delirando, porque não tem boca.

"Isso está tecnicamente incorreto", disse Snow.

"Não podemos observar que Elmo está zangado porque não podemos sentir seus sentimentos. O que observamos é que ele levantou a voz. O que observamos é que ele está levantando as mãos para o céu. O que observamos é que a cor de seu rosto mudou. Com base nisso, uma de nossas hipóteses é que ele está zangado, mas isso deixa espaço para Elmo nos dizer que ele não está zangado. Ele está frustrado."

As pessoas inteligentes pensam rápido demais, assumem padrões com muita facilidade e tiram conclusões precipitadas. Isso nos impede de ver as oportunidades. Snow sugere que desaceleremos. Que observemos em vez de reagir.

—

No início deste capítulo, apresentamos a história do Embrace Infant Warmer. A equipe de Stanford foi incumbida de criar uma incubadora mais barata. Essa restrição levou a experimentos com materiais e projetos de engenharia.

No entanto, o problema não era que os países de baixa renda precisavam de incubadoras mais baratas; era que eles precisavam manter os recém-nascidos vivos.

Quando eles reformularam a pergunta – "Como, afinal, uma incubadora mantém um bebê vivo?" –, descobriram que regular o calor corporal era o elemento-chave. Um único insight resultante de uma pergunta mais bem formulada salvou centenas de milhares de vidas.

—

Uma amiga me perguntou como criar conteúdo com mais engajamento no Instagram, a fim de atrair clientes.

Acontece que minha amiga não quer crescer no Instagram. Na verdade, ela quer mais clientes. Ao assumir que o Instagram é o caminho a seguir, ela está se fechando para todas as outras maneiras de conseguir clientes.

As pessoas inteligentes inserem erroneamente respostas pressupostas nas perguntas.

A regra lógica da Vila Sésamo afirma que você nunca deve disfarçar sua hipótese com a pergunta.

O corolário da regra lógica é que nosso cérebro resolve problemas de maneira mais eficaz ao trabalhar de trás para a frente do que para a frente. Um truque é supor que o problema já foi resolvido e refazer os passos.

Pedi para minha amiga me dizer o nome do melhor cliente com quem já trabalhou. Depois, perguntei de onde veio esse cliente.

Tinha sido uma indicação. O negócio dela era 90% baseado em indicações. O Instagram nunca gerou um bom cliente para ela.

Então, começamos o processo de rastrear as últimas dez indicações, mapear as fontes e desenvolver um plano para expandir o alcance em locais semelhantes.

Em vez de criar conteúdo para o Instagram, ela aproveitou o melhor material que já havia produzido, adaptou para parceiros colaborativos e permitiu que eles o distribuíssem localmente em suas clínicas e por meio de suas listas de e-mails, junto com um vale-presente para seu serviço como um valor agregado. Menos trabalho, melhores resultados.

O fácil parece trapaça. O difícil parece progresso.

Quando as coisas parecerem mais difíceis do que deveriam, faça uma pausa. Pergunte a si mesmo: qual é o problema que estou resolvendo? Existe uma maneira mais fácil?

Quer melhores clientes? Encontre pessoas que já estão comprando um serviço semelhante ao seu.

Quer contratar? Trabalhe de trás para a frente, a partir do principal atributo que você precisa. Vá até onde ele já está em exibição.

Quer indicações? Crie uma maneira de fazer com que os outros se sintam bem ao falar sobre você.

Há um ditado que diz que se você quer obter um tempo incrível nadando 100 metros, é muito mais fácil nadar a favor da correnteza do que aprimorar sua técnica de nado.

Pare de tornar as coisas mais difíceis do que já são.

Agora, é hora de ficar famoso na família.

CAPÍTULO 11

Fique famoso na família

*Uma joia rara e o prefeito – O Melhor de Etobicoke –
Os quatro cafés*

Seth Godin escreveu: "Você precisa ser famoso dentro do pequeno círculo de pessoas que espera que admirem e confiem em você. [...] Ser famoso na família é muito mais eficiente do que ser famoso para todos."

A confiança requer contato. Grandes audiências são ineficientes para aprofundar relacionamentos.

"Mas isso exige foco", Godin acrescentou posteriormente.

Ele tem razão. Essa é a parte difícil.

Hoje em dia há tanta pressão para impressionar pessoas que não conhecemos, com as quais não nos importamos e nunca faremos negócios que é fácil esquecer aqueles com quem realmente nos importamos e com quem podemos, de fato, fazer negócios.

Vamos desenvolver um sistema de marketing juntos.

—

Apesar de todos os avanços incríveis na tecnologia, o melhor marketing direcionado às pessoas, feito por pessoas, pode ser resumido em quatro palavras: converse com as pessoas.

Quais pessoas? As suas pessoas.

O que você diz? Não muito; você, principalmente, escuta.

Onde encontrá-las? Onde elas já estão.

Desenvolver um Sistema de Marketing Otimizado para Humanos (SMOH) requer responder às cinco perguntas-chave:

1. Qual é o principal benefício oferecido por meu produto ou serviço?
2. Quem são meus clientes?
3. O que eles querem?
4. Onde vou encontrá-los?
5. Como posso me comunicar com eles hoje?

Tudo isso cabe em um post-it.

Uma joia rara e o prefeito

Rahul Gopal acredita que toda criança possui a capacidade de aprender.[1]

Na maioria das vezes, o ensino fora da escola é um setor de atividades paralelas. Não há regulação ou nomeação. Em consequência, alguns profissionais, como Rahul, são sérios, enquanto a maioria não é.

Quando as pessoas contratam sua empresa de professores particulares, supondo que elas já tenham contratado esses profissionais no passado, elas vão perceber a diferença. Porém, isso só acontece *depois* que ele é contratado.

Visitar escolas, pagar anúncios e alugar estandes em eventos de rua todo fim de semana são métodos comuns de marketing. Eles são eficazes, mas há um jeito melhor.

O Sistema de Marketing Otimizado para Humanos (SMOH) de Rahul:

1. *Qual é o principal benefício oferecido por seu produto ou serviço?*
   Apoio educacional personalizado.
2. *Quem são seus clientes?*
   Pais de classe alta.
3. *O que eles querem?*
   Atenção individualizada e um futuro melhor para seus filhos.
4. *Onde Rahul Gopal vai encontrá-los?*
   Em festas beneficentes.
5. *Como ele pode se comunicar com eles hoje?*
   Comprando um ingresso e comparecendo.

Os pais de classe alta têm filhos que eles desejam desesperadamente ver destacando-se na escola. Para os endinheirados, o dinheiro não é uma preocupação, mas o tempo, sim.

As festas beneficentes são raros eventos nos quais os afortunados estão acessíveis. Rahul é o único professor particular que investe seu orçamento de marketing para participar desses eventos.

Basta um aperto de mão rápido e uma conversa do tipo "o que você faz da vida?" para Rahul dizer que "ajuda crianças a ganharem confiança por meio do aprendizado desde cedo e prepara adolescentes para ingressarem nas melhores faculdades". Os números de telefone são trocados e indicações acontecem.

Quando você trabalha de trás para a frente e frequenta os ambientes certos, coisas boas acontecem com regularidade.

Há sorte envolvida. Nem todos os eventos geram resultados. Porém, as comunidades de alta renda possuem boas conexões. Uma vez que você entra, está dentro.

Você já se perguntou para quem os vultosos contratos de ensino particular patrocinados pelo governo são entregues?

Não existe exatamente um número para o qual você possa ligar e dizer: "Olá, bem, eu gostaria de falar com o governo. Oi, sim. Prazer em conhecê-la, sra. G. Eu dou aulas particulares para crianças, e acho que você deveria criar um programa para a cidade que ainda não existe. Vai criar? Ótimo. Eu gostaria de ficar com o contrato."

Certa noite, Rahul conheceu o prefeito de Toronto em um evento beneficente, cujo ingresso custava 2,5 mil dólares. O prefeito precisava de um professor particular para sua sobrinha e confiou em Rahul devido à conexão compartilhada com a caridade. Sem que Rahul soubesse, um projeto de ensino particular para a cidade estava prestes a ser subvencionado, e ele foi convidado a participar da licitação do contrato.

O preço do ingresso – 2,5 mil dólares – pode parecer muito para gastar em uma única noite. Porém, compare o impacto de gastar esse valor dessa forma com anúncios pagos para um público desconhecido, o qual vai exigir um processo de vendas bem estruturado, tempo, dinheiro, criação de conteúdo ou aquisição de estandes em eventos de rua, passando todos os fins de semana no verão pedindo para os transeuntes conversarem.

Em todos os casos, deve parecer ser por acaso quando Rahul é indicado.

Alguém com quem Rahul estava sentado à mesa em um evento de arrecadação de fundos tinha, na semana anterior, jantado com seu amigo, um rico CEO, que estava reclamando das dificuldades do filho na escola. Mas é assim que as coisas acontecem. É assim que as coisas *sempre* acontecem.

Rahul não aparece na TV quando os canais de notícias locais precisam de um especialista em educação. E ele não é famoso na internet. Em vez disso, ele é famoso na família: a Escolha Óbvia para apoio educacional entre os pais endinheirados de Toronto.

A seguir, exatamente o que eu faria se estivesse começando um novo negócio hoje.

O Melhor de Etobicoke

Certa vez, o filósofo francês Jean de La Bryuère afirmou: "A forma mais rápida e eficaz de conquistar sua fortuna é deixar claro para as pessoas que é do interesse delas impulsionar a sua."[2]

Eu moro em um distrito de Toronto chamado Etobicoke. Indicações, e não folhetos, me ajudam a descobrir de tudo, incluindo cafeterias, massoterapeutas, quiropratas e até, admito, um amigo bastante místico, cartomantes no primeiro andar de centros comerciais.

Se eu estivesse começando um novo negócio no distrito, criaria um podcast chamado *O Melhor de Etobicoke*.

Ser podcaster e usar um podcast para se tornar a Escolha Óbvia são dois jogos diferentes que você pode escolher. Costumamos pensar nos podcasts como uma maneira de nos divulgar para o mundo. Eles são ferramentas muito melhores para nos aproximarmos de nossa família (no sentido de comunidade).

Em 9,9 vezes de dez você seria ignorado (ou bloqueado por uma secretária) se ligasse para os CEOs das maiores empresas de sua comunidade perguntando se eles estariam interessados em ouvir mais a respeito do que você faz.

Você reverteria essa probabilidade perguntando se eles estariam interessados em participar de seu podcast, *O Melhor de Etobicoke*, que compartilha histórias e sabedorias dos líderes de sua comunidade.

Em seu livro *Como Fazer Amigos e Influenciar Pessoas*, Dale Carnegie escreveu: "O desejo mais profundo da natureza humana é 'o desejo de ser importante'."[3] O segredo para conseguir o que você quer na vida é dar aos outros o que eles querem.

Todos querem melhorar o status.

Eu gosto muito de falar sobre mim mesmo. Você gosta muito de falar sobre si mesmo. O CEO que você está entrevistando também gosta muito de falar sobre si mesmo.

Quando terminar, os ouvintes vão conhecê-lo, gostar de você e confiar em você. Após o episódio, se eles sentirem algum desejo por seu produto ou serviço, podem se tornar clientes e/ou indicar outros.

Depois de cada entrevista, peça a seu convidado que ele apresente duas outras pessoas para seu programa. Pela simples razão de ter um podcast, as pessoas bem-sucedidas de sua comunidade vão fazer apresentações em seu nome. Em outras palavras: elas vão indicá-lo.

Porém, você não vai ter muitos ouvintes. Isso vai ficar martelando em sua cabeça.

Seu programa nunca chegará às paradas dos "melhores podcasts". Você nunca vai poder se gabar da quantidade de acessos que conseguiu.

Você terá, no entanto, encontrado uma forma de se conectar a uma rede incrível de pessoas ricas e bem relacionadas que torcem por seu sucesso. Como bônus, você não teve que fazer micagens na internet para fazer isso.

Dois exemplos do mundo real:

Greg Finch é um coach de desempenho mental e físico para surfistas. Ele usa o podcast *Surf Strong* para ficar famoso na família internacional de surfe.

O Sistema de Marketing Otimizado para Humanos de Greg:

1. *Qual é o principal benefício oferecido por seu produto ou serviço?*
   Melhorias no desempenho mental e físico.
2. *Quem são seus clientes?*
   Surfistas ricos.
3. *O que eles querem?*
   Melhor desempenho mental no trabalho e maior força e resistência enquanto surfam.

FIQUE FAMOSO NA FAMÍLIA

4. *Onde Greg vai encontrá-los?*
Em resorts de surfe caros, instituições beneficentes ligadas ao surfe, empresas de tecnologia que atendem ao mercado de surfe, e assim por diante.
5. *Como ele pode se comunicar com eles hoje?*
Criando um podcast como ferramenta de networking.

Sem gravar um único episódio, simplesmente porque Greg chamou de podcast e criou uma imagem em um aplicativo de design gratuito, ele conseguiu agendar suas primeiras oito entrevistas.
Entre seus primeiros convidados, incluíram-se:

- O diretor médico da World Surf League.
- O diretor de programas comunitários da Mauli Ola Foundation (uma instituição beneficente que promove o surfe como terapia alternativa para doenças genéticas).
- Um coach corporativo que adora surfe.
- Um fisioterapeuta que trata surfistas na ilha de Kauai, no Havaí.

Sempre que alguém entrevistado em seu programa encontra uma pessoa que busca treinamento mental ou físico, Greg é indicado. Ele está atraindo de um a dois clientes ricos por semana, que pagam 1,5 mil dólares cada um. Parece ser por acaso todas as vezes, mas, claro, não é.
Outro exemplo:
Billy Hofacker é um consultor financeiro para profissionais de fitness. Ele utiliza o podcast *Your Fitness Money Coach* para se tornar conhecido entre os personal trainers e os donos de academia.
Na semana que passou, ele publicou dois episódios, apresentou-se no maior evento de seu setor com uma palestra intitulada

"Livre-se do estresse financeiro para sempre", e deu uma entrevista ao vivo em um grupo do Facebook.

O Sistema de Marketing Otimizado para Humanos de Billy:

1. *Qual é o principal benefício oferecido por seu produto ou serviço?*
   Coaching e educação financeira.
2. *Quem são seus clientes?*
   Personal trainers e donos de academia nos Estados Unidos.
3. *O que eles querem?*
   Mais dinheiro e uma maior compreensão sobre finanças.
4. *Onde Billy vai encontrá-los?*
   Eventos e comunidades do setor.
5. *Como ele pode se comunicar com eles hoje?*
   Entrevistando as pessoas que organizam os eventos e as comunidades.

Um podcast sobre dinheiro especificamente para personal trainers não pode ter mais de cinquenta a cem ouvintes por episódio. Isso é bom. Quanto mais exclusivo formos, mais inclusivos nos tornamos.

"As pessoas acreditam que algo que faz apenas uma coisa é melhor nisso do que algo que faz isso e mais alguma coisa", afirmou Rory Sutherland.[4] Ele me contou por e-mail que isso costuma ser chamado de heurística do "faz-tudo".

A decisão de Billy de se concentrar em um mercado muito pequeno o afastou de 99,7% dos possíveis clientes e o tornou a Escolha Óbvia para os 0,3% restantes.

Por um lado, fazer coisas não expansíveis o impede de aproveitar oportunidades em potencial. Por outro lado, é uma restrição útil. Não há esforço desperdiçado, comparações, súplicas aos deuses das redes sociais ou exaustão. É precisão. É foco.

Ao não tentar se tornar famoso na internet, Billy se tornou famoso na família.

—

A responsabilidade de promover o programa é sua.

Eis como eu aceleraria o crescimento de *O Melhor de Etobicoke*:

O programa apresentaria dois tipos de entrevistas: uma com líderes empresariais e a outra contando histórias de todos os pequenos estabelecimentos locais que tornam minha comunidade tão maravilhosa.

Eu adoro minha casa. Apesar disso, não sinto conexão com as pessoas que servem nossa comunidade. Não consigo evitar de pensar que não estou sozinho.

Por exemplo, eu escrevo em uma cafeteria que serve café turco que está em um local inusitado, mas adequado ao mesmo tempo. Chama-se Galata Cafe e é de propriedade de Caglar Araz, um imigrante que queria trazer a cultura de seu país para o Canadá.[5]

Eu gostaria de conhecer a história de Caglar. Como ele acabou ali? Como ele criou uma cafeteria tão incrível?

Eu daria o título ao episódio de "Como um café turco tão maravilhoso foi parar em Etobicoke (e não em outros lugares)?". Depois que o programa fosse ao ar, eu imprimiria centenas de cartões com a foto de Caglar e o título do episódio.

Os cartões teriam um QR Code que direcionaria as pessoas para uma página de meu site com um link para ouvir o episódio. Seria o mesmo site de minha empresa, e cada cartão do episódio do podcast também incluiria o nome de meu empreendimento. Um exemplo mal ilustrado está vindo a seguir.

Eu deixaria esses cartões no Galata Cafe e diria a Caglar: "Ouvir sua história tornou esta cafeteria ainda mais especial para mim. Sempre me faz querer voltar. Acho que terá o mesmo efeito sobre as outras pessoas que ouvirem. Então, fiz estes cartões para ajudá-lo a sugerir que seus clientes ouçam a entrevista. Posso deixá-los com você para que sua equipe entregue um para cada pessoa que fizer um pedido?"

Imagine isto: é domingo de manhã e você está passeando com sua mulher. A sua direita, em um shopping simples, você nota uma placa que diz "Galata – Café Turco". Você olha para sua mulher e aponta. Indiferente, ela dá de ombros.

Ao entrar, você é transportado para a Turquia.

Não parece nem cheira mais como um shopping malcuidado em Etobicoke.

Você decide o que vai pedir e ri de si mesmo ao tentar pronunciar os nomes do cardápio turco, pega uma bandeirinha com o número de seu pedido e se senta.

A comida chega. Está fresca e saborosa. Então, Caglar sai com café turco em uma xícara pequena apoiada no fundo de uma gaiola dourada. Ao lado da xícara, há um único quadrado de um doce turco.

Você e sua mulher descobriram algo especial. Foram transportados para outro lugar. Um lugar onde os detalhes importam e, a cada gole e mordida, o sabor fica melhor. Então, você olha pela janela, lembra-se de que está em um shopping tranquilo em Etobicoke, e pensa: *Como este lugar veio parar aqui?*

Como se Caglar tivesse lido sua mente, alguém de sua equipe traz sua conta com este cartão grampeado nela.

Eu faria a leitura do QR Code para baixar e ouvir o episódio. Por causa de minha ligação pessoal com o local e sua proximidade com minha casa, isso faria com que nada mais importasse.

> Como um café turco tão maravilhoso foi parar em Etobicoke?
>
> Ouça a incrível história de Caglar.
>
>
>
> O podcast *O Melhor de Etobicoke* é apresentado por Jonathan Goodman, o fabuloso e fantástico coaching para pessoas que querem corpos fortes e outras coisas.

Nunca se esqueça de que, quando você entra em um pequeno negócio, está entrando em uma manifestação do sonho do proprietário. É algo especial, e eles também são especiais. Ser dono de uma pequena empresa é difícil. Apoie-os. Celebre-os. Os negócios da comunidade não são jogos nos quais o ganho de um representa a perda de outro. Juntos, vocês crescem. Juntos, vocês ganham. A melhor maneira de conseguir o seu é ajudar os outros a conseguirem o deles.

Construa uma vez, faça marketing duas vezes.

O melhor marketing inclui alavancagem, jogos de ganho mútuo e transferência de confiança.

De tempos em tempos, eu voltaria ao Galata com mais cartões para distribuir (e, claro, pediria um sanduíche).

Eu implantaria esse processo nos melhores restaurantes, cafeterias, fisioterapeutas e, naturalmente, fornecedores de queijos finos importados de minha comunidade. Se cada loja tivesse de cinquenta a cem clientes por dia, meu negócio seria promovido centenas de vezes por semana por meio de indicações locais.

Por meio do podcast *O Melhor de Etobicoke*, eu seria amigo das pessoas mais importantes de minha comunidade e teria dezenas de negócios locais compartilhando meu negócio em um período de quatro a seis meses. O grande público não saberia de minha existência, mas eu seria famoso em minha comunidade local.

Após digitar esta seção, eu não queria publicá-la porque está muito legal. Uma parte de mim quer guardar para mim mesmo. Eu gosto dessa ideia tanto quanto gosto de sanduíches turcos. Quase.

—

Os quatro cafés

"Conheço a dona de uma cafeteria em um de nossos prédios que desenvolveu todo o seu negócio levando quatro copos de café para cada um dos negócios vizinhos todos os dias", afirma Chris Cooper, proprietário da consultoria empresarial Two-Brain.[6]

Por que toda cafeteria não faz isso?

Você não precisa ser dono de uma cafeteria para levar café para as pessoas. Cooper diz que todo dono de um negócio local deveria comprar quatro cafés todas as manhãs e levá-los para uma loja vizinha.

O primeiro princípio de persuasão do doutor Robert Cialdini, em seu livro *Influece* [*As Armas da Persuasão*], afirma que os seres humanos estão programados para retribuir favores. A reciprocidade nos incita a retribuir um valor maior do que recebemos inicialmente.

O que impede as pessoas de fazer isso não é comprar o café. Custa dez dólares. O que as impede é a preocupação com o que dizer em seguida.

"O objetivo é levar o café para eles", disse Cooper. "E não vender algo."

Eu gosto muito disso. Há clareza e simplicidade no óbvio.

Tornar-se famoso na família é tão simples quanto conversar com as pessoas, oferecendo-lhes valor, e não esperando nada em troca. *Quais são as melhores lojas para conhecer?* Eu não sei.

Qual é o raio máximo ao redor de seu local para fazer networking? Eu não tenho certeza.

Com que frequência você deve voltar à mesma loja? Eu também não sei.

Isso não é uma ciência exata. Nos negócios, as melhores estratégias nunca são. Por isso é que a maioria das pessoas não as adota.

Talvez transformar isso em um ritual. Escolha quatro negócios para cada dia da semana. Toda segunda-feira vá a quatro, terça-feira a quatro diferentes, e assim por diante. Comece pelos locais mais próximos de você e vá se afastando aos poucos.

Ou faça de um jeito diferente.

Quatro cafés podem ser literais ou metafóricos. Isso significa um presente – algo fácil, acessível, repetível e significativo – oferecido a um membro de uma comunidade onde você deseja se tornar conhecido.

Luka Hocevar[7] gera centenas de contatos todo mês com uma sessão de fitness beneficente nas manhãs de sábado. Toda a comunidade se envolve. Os negócios locais doam e participam.

Ele construiu sua rede visitando as lojas vizinhas, pedindo o nome do proprietário e dizendo: "Olá, eu sou o Luka. Sou dono da academia aqui perto. Quero que todos nós ganhemos juntos. Se você tiver alguns minutos, gostaria de contar para vocês sobre algumas coisas que estão funcionando bem para nós na construção de nosso negócio."

Não sabe o que dizer?

Dê a eles um presente: um livro que o ajudou. Talvez seja este. Compre algumas dúzias de exemplares deste livro e marque algumas páginas com adesivos post-it. Distribua-os para os negócios vizinhos. Explique por que você achou um insight específico útil.

—

São 4h45 da manhã de 9 de janeiro de 2024. Grande parte deste livro foi escrita antes do nascer do sol. Durante o dia, eu administro dois negócios, me exercito e procuro ser o melhor pai para meus dois filhos pequenos.

A data de lançamento deste livro está a um ano de distância. Isso significa que tenho um ano para promovê-lo. Mas estou ocupado. E não só isso. Estou em San Juan del Sur, na Nicarágua. Dar presentes físicos não é uma opção.

No Google Docs, eu escrevi: "Dedique o próximo ano a expandir sistematicamente sua rede em três ou quatro mercados-chave." Quais mercados? Para restringir, fiz três perguntas a mim mesmo:

1. Quem meu livro pode ajudar?
2. O que eu sei e personifico?
3. O que as pessoas já compartilharam publicamente?

Este livro pode ajudar muita gente. Eu precisei restringir para fins promocionais. Comecei com quem eu sou, que sou um autor com experiência em fitness e que coloca suas coisas em uma mochila para viver no exterior de três a cinco meses por ano.

Em seguida, eu sei que pessoas que compartilham, compartilham muito. E as pessoas que não compartilham, não o fazem.

Meu objetivo é gerar um boca a boca.

Com isso em mente, faz sentido visar comunidades que já falam do que gostam.

Eu escolhi os quatro mercados a seguir:

1. Escritores / Autores independentes / Autopublicação
2. Formação de personal trainer
3. Crossfit
4. Minimalistas / Nômades digitais

A seguir, meu plano dos Quatro Cafés, que chamo de "surpreenda as pessoas fazendo algo bom, e elas vão se tornar suas maiores admiradoras".

Os dois princípios são:

1. Priorize a generosidade.
2. Nunca resista a um impulso de bondade.

Não tenho muito tempo livre. Felizmente, a constância fala mais alto do que a intensidade. Pequenas ações, escolhidas de forma estratégica e executadas de modo sistemático, acumulam-se ao longo do tempo.

Jen Gottlieb, palestrante motivacional, uma vez compartilhou que ela faz todo o seu networking durante quinze minutos por dia.[8] "Eu entro em meu Instagram e tenho uma planilha com os nomes das pessoas com quem quero desenvolver relacionamentos. Interajo com o conteúdo delas para que comecem a me perceber todos os dias. Então, quando eu as encontro, já agreguei valor, e elas dizem: 'Nossa, como eu posso ajudá-la? Muito obrigada por comentar, comprar meu livro e divulgá-lo'."

Primeiro, criei uma lista de cinquenta a cem pessoas em cada mercado, sendo a prioridade máxima os podcasters que apresentam programas de entrevistas. Inscrevi-me em suas newsletters por e-mail e plataformas de redes sociais.

Todo dia, escolho de dez a quinze pessoas da lista e consulto o conteúdo recente produzido por elas. Faço uma combinação de comentar, responder e compartilhar. Se elas estão lançando um produto ou serviço, eu compro e compartilho publicamente quando faço isso. Se anunciam um projeto futuro, como o lançamento do livro de cada um, eu salvo a data e configuro um lembrete para encomendar e resenhar imediatamente.

As pessoas não precisam viver fisicamente perto de você. Escolha sua família (comunidade) e, então, apoie-a.

No próximo ano, é assim que vou divulgar meu livro. Isso leva trinta minutos por dia.

Quatro cafés.

———

Ok, admito: SMOH é um acrônimo péssimo.

Se ninguém estiver por perto, diga em voz alta. Vai parecer que você está em um círculo de meditação liderado por um cara do sul da Califórnia, usando um colar de penas e cantando enquanto toca uma tigela tibetana, antes de praticar exercícios respiratórios dentro de um balde de gelo.

Fazer um acrônimo com um "h" é surpreendentemente difícil.

Porém, assim como a palavra "humano", que também começa com a letra H, você vende coisas para humanos, e o marketing hoje em dia parece muito (não) humano. Não deveria ser assim. E espero que agora você se sinta empoderado sabendo que não precisa ser.

Agora, vou contar para você como o Google decide gastar uma grande parte de seu orçamento de inovação de 3 bilhões de dólares. Spoiler: envolve macacos.

CAPÍTULO 12

#MacacoEmPrimeiroLugar

Piratas do mundo – 846.706 dólares – Curtindo a vida – Permissão para lançar

Muito mais pessoas fracassam por não terem vendas suficientes do que fecham as portas por falta de um logotipo. Cuidado com o falso progresso.

—

O Google investe mais de 3 bilhões de dólares por ano em um laboratório de inovações chamado X. Ele é dedicado a resolver problemas impossíveis e pautado por uma filosofia chamada "Macacos e Pedestais".[1]

O doutor Eric "Astro" Teller, porque é claro que esse é seu apelido, o líder do X, usa o exemplo de tentar fazer um macaco recitar Shakespeare. Para mim, não é uma imagem mental engraçada o suficiente. Eu vou mudar para um macaco fazendo malabares com bastões flamejantes.

Imagine que você está tentando ensinar um macaco a fazer malabares com fogo como parte de uma apresentação. Há duas tarefas:

1. Ensinar um macaco a fazer malabares com fogo.
2. Um pedestal para ele ficar em cima.

Por onde você começa?

Muitas pessoas começariam pelo pedestal, porque parece um progresso. Vai custar dinheiro e levar tempo, mas você sabe que pode construí-lo. "Essa é a pior escolha possível", afirmou Teller. "Você sempre pode construir um pedestal. Todo o risco e aprendizado vêm com o trabalho extremamente difícil de primeiro adestrar o macaco."[2]

Um pedestal é inútil se o macaco não está fazendo malabares com fogo. Afinal, quem quer ver um macaco em chamas no palco porque um ser humano idiota o fez arremessar bastões flamejantes para o alto?

Seu negócio possui inúmeros pedestais, mas só um macaco.

Tarefas do pedestal:

- Constituir uma pessoa jurídica
- Elaborar um logotipo
- Criar conteúdo
- Comprar o "melhor" microfone, software e câmera
- Desenvolver um site
- Configurar um aplicativo de produtividade

Tarefa do macaco:

- Vender

O primeiro passo deve vir antes do segundo. Um negócio não é nada mais do que uma ideia não comprovada antes de fazer sua primeira venda.

Tarefas como constituir uma empresa jurídica e elaborar um logotipo podem ser difíceis, consumir muito tempo e ser caras, mas você sabe que pode realizá-las. Então, há as vendas. Alguém realmente quer o que você está oferecendo? Pagaria por isso? Porque se não, as demais coisas não importam. #MacacoEmPrimeiroLugar.

Em uma palestra de 2008 para a aceleradora de startups Y Combinator, Jeff Bezos disse que "uma maneira de olhar para o futuro de algo é encontrar um análogo do passado".[3] Então, ele descreveu sua experiência ao visitar uma cervejaria belga de 300 anos.

Segundo Bezos, a eletricidade começou a ajudar os fabricantes de cerveja cerca de cem anos atrás. Naquela época, não havia rede elétrica. A única maneira de conseguir energia era instalar o próprio gerador e se tornar especialista em geração de energia elétrica.

"O importante a considerar aqui é que o fato de a cervejaria gerar sua própria energia elétrica não fez com que sua cerveja tivesse um sabor melhor", disse Bezos.

Dizemos a nós mesmos que estamos otimizando em proveito de escala e eficiência ao buscar a tecnologia mais recente, quando, na realidade, o que estamos fazendo com mais frequência é mais bem definido como procrastinação produtiva.

Trabalho pesado e não especializado não melhora seu produto. Não faz sua cerveja ficar mais saborosa.

Seu macaco consegue fazer malabares com fogo? Se não, pare de perder tempo e dinheiro com pedestais.

Este capítulo aborda a importância de não nos precipitarmos. Primeiro, algumas histórias sobre pessoas ficando felizes quando seu trabalho é roubado. A partir daí, compartilharei uma maneira surpreendentemente eficaz de lançar um produto ou serviço, seja ele novo ou não.

—

Piratas do mundo

Em seu livro *Unlabel*, Marc Ecko conta a história de percorrer a rua Tung Choi, em Hong Kong, uma área conhecida pela venda de produtos falsificados, com um executivo da Timex. Marc reclamou com seu colega que as roupas da marca Eckō Unlimited estavam sendo copiadas e vendidas ilegalmente.

"Marc, você vai ficar muito mais irritado quando *não* vir nada falsificado da Eckō", respondeu o colega.

Não se preocupe que possam roubar de você. Fique irritado por não estarem fazendo isso já.

Paulo Coelho vendeu mais de 210 milhões de exemplares de seus livros. Ele é um mestre na arte de contar histórias, um mestre em marketing e um fervoroso defensor da pirataria de sua própria obra.

Em 2012, ele exortou os "piratas do mundo" a se "unirem e piratearem tudo o que ele já tinha escrito", fazendo parceria com o site de compartilhamento de arquivos Pirate Bay para permitir que os usuários baixassem ilegalmente todos os seus livros.[4]

Em 13 de março de 2015, ele usou sua página no Facebook para agradecer a um adolescente em Delhi por vender cópias ilegais de seu livro, chamando-o de "A menor livraria do mundo". Seu post recebeu 44,2 mil curtidas e 2,7 mil compartilhamentos.[5]

"Quanto mais ouvimos uma música na rádio, mais empolgados ficamos para comprar o CD. O mesmo vale para a literatura. Quanto mais pessoas 'pirateiam' o livro, melhor. Se eles gostarem do começo, vão comprar o livro todo no dia seguinte", escreveu Coelho.

Temos uma amiga da família que estava trabalhando em um projeto secreto. Ela não compartilhava conosco (nem com ninguém) do que se tratava, com medo de que sua ideia fosse roubada. Três anos depois, ela lançou discretamente um manual autopublicado.

Ter uma ideia de um projeto ambicioso, como um manual, é fácil. Vender é difícil. Eu sei, porque já fiz isso.

Acontece que eu era uma das pessoas mais bem preparadas do mundo para ajudar nossa amiga, tendo ganhado dezenas de milhões de dólares com um manual autopublicado.

Infelizmente, o projeto dela fracassou. Ela estava com tanto medo de que sua ideia fosse roubada que eu nunca soube o que ela estava fazendo, e só pude ajudar quando já era tarde demais.

Nunca vou esquecer uma conversa no início de minha jornada de negócios. Eu tinha criado meu site e liguei para Carolina, uma antiga colega, em busca de conselhos.

Para ser sincero, não lembro qual era a ideia. Porém, num dado momento, eu me lembro de ter dito: "Ninguém está fazendo isso, então não quero compartilhar ainda."

Carolina me interrompeu e, com seu forte sotaque de espanhol argentino, disse: "Jon, você precisa parar. Se é verdade que ninguém está desenvolvendo sua ideia neste momento, é porque é uma ideia de merda."

—

846.706 dólares

Em 2019, ao longo de sete dias, eu ajudei 930 personal trainers a conseguir 4.298 novos clientes, cada um pagando 197 dólares. O sistema teve uma taxa de sucesso de 84%, e o personal padrão conseguiu 4,62 clientes. No total, em apenas uma semana, esses trainers geraram 846.706 dólares de lucro. (A única despesa deles foi a taxa de processamento de pagamento.)

Chamei isso de "Desafio do cliente fundador". É o que eu chamo de *lançamento com permissão*, e pode ser aplicado a qualquer setor. Para fins de nosso exemplo, aqui estão os passos específicos para fitness coaching:

1. Você criou um novo programa de fitness ou nutrição de sessenta dias.
2. Você precisa de cinco clientes fundadores (no máximo) para ajudar a testá-lo.

3. Você ainda não tem tudo definido.
4. Você está oferecendo um grande desconto.
5. Se eles concluem as etapas, recebem o dinheiro de volta (ou seja, é grátis).
6. Começa em uma data definida.

A novidade é excelente para os negócios, que pode ser usada para justificar uma promoção que inclui um desconto, urgência (tempo se esgotando) e escassez (quantidade limitada). Separadamente, esses elementos são eficazes. Combinados todos os três, você tem uma ótima oferta.

Em alguns casos, os personal trainers eram novos no treinamento de fitness. Em outros casos, os personal trainers usaram esse modelo para introduzir um novo programa (ou dar um novo nome a seu serviço existente) e impulsionar o crescimento de sua clientela.

Para conseguir seus clientes fundadores, os personal trainers entraram em contato com a rede existente deles. Alguns tinham listas de e-mails ou páginas nas redes sociais, mas muitos, não. O que descobriram foi que todos tinham uma lista: amigos, familiares e ex-colegas com quem poderiam entrar em contato. O que eu ensinei a eles foi como fazer isso sem parecer forçado.

Em sua música "Feel This Moment", o rapper Pitbull compartilha o segredo para uma abordagem eficaz (e sem constrangimento):

"Peça dinheiro e receba conselhos
Peça conselhos e receba dinheiro duas vezes."[6]

Este foi o processo de "lançamento com permissão":

1. Identificar o tipo de pessoa que seu programa pode ajudar.
2. Anotar os nomes de quinze pessoas com as quais você já está conectado nesse mercado.

3. Pedir conselho para elas sobre um novo projeto.

Eis um exemplo de uma mensagem de abordagem:

Olá, [nome]

Estou desenvolvendo algo empolgante, e eu teria muito a aprender com sua visão e feedback. O objetivo é ajudar mães que trabalham a organizar um pouco melhor sua vida caótica.

Sei que você está superocupado, mas você teria de quinze a vinte minutos nos próximos dias para conversarmos por telefone? Gostaria de aprender mais sobre seu dia a dia, para que eu consiga entender onde eu estou certo (e errado) no que estou criando.

Ao telefone, no final da ligação, o personal trainer disse que o preço normal será de 500 dólares, mas, para o "grupo de clientes fundadores", haverá um desconto de 60% (ou seja, um preço final de 200 dólares) a partir da próxima semana. No entanto, na verdade, será gratuito, porque, no final, a pessoa receberá o dinheiro de volta.

Além disso, os personal trainers divulgaram seus grupos fundadores em suas plataformas de rede social ou listas de e-mails, caso tivessem. Alguns também enviaram e-mails formais diretamente, perguntando a pessoas conhecidas se gostariam de participar, ainda que a maioria não se sentisse à vontade para fazer isso.

No último dia antes do prazo final, o personal enviou um lembrete de "última chance" para todos que demonstraram interesse.

Antes do início do programa, o coach agendou uma ligação de checagem com todos os participantes para o quadragésimo sexto dia. Nessa ligação, o coach parabenizou cada cliente pelo progresso alcançado, apresentou uma perspectiva do que poderia ser alcançado nos próximos três meses, e ofereceu a opção de utilizar os 200 dólares na próxima fase do treinamento em vez de devolvê-los. Mais de 85% dos participantes concordaram.

Curtindo a vida

Ir ao bar é intimidador. É preciso coragem para usar roupas bonitas e se expor na esperança de conhecer alguém especial.

Ficar na pista de dança, mexendo os pés nervosamente, olhando para o vazio, procurando o maldito canudinho flutuando em sua vodca de frutas vermelhas, à espera de que ele chegue a sua boca, e desejando que alguém o convide para dançar, raramente resulta em sucesso.

Se você quer dançar, simplesmente ir ao bar não é suficiente. Calçar seu par mais limpo de tênis Puma e ficar na beira da pista de dança não é suficiente.

Nunca parta do princípio de que as pessoas sabem que você está no lance ou sabem como lidar com você. Em nossa cabeça, está claro. Em nosso mundo, é óbvio. Já fizemos o pedido. Estamos no bar. Claro que queremos dançar. "Por que ninguém está me convidando? Olhe para meus pés. Pelo amor de Deus, eu estou usando meus sapatos especiais para dançar. Tenho um logotipo e conteúdo. Mas, mas, mas tem um link em minha biografia!"

O problema é que as outras pessoas não vivem em seu mundo. Elas vivem no mundo delas. E elas também estão na beira da pista de dança, perguntando-se por que ninguém as convida para dançar.

Em sua mente, embelezar seu perfil nas redes sociais ou aprimorar seu logotipo deveria deixar claro que você está no lance. Mas todo mundo está fazendo a mesma coisa. Então, embora esteja claro para você, os outros não percebem.

Se você quer algo, converse com alguém e peça por isso.

E, sim, você será rejeitado às vezes. Será desagradável. Porém, a pessoa mais rejeitada também é a que tem mais probabilidade de encontrar um parceiro de dança. No final das contas, ser rejeitado e não perguntar têm o mesmo resultado. Então, eis aqui um conselho de um cara branco desajeitado que tem um dom incomum de dançar exatamente o oposto do ritmo que está tocando: pergunte.

———

Permissão para lançar

Em sua ascensão ao poder, o Pai Fundador Benjamin Franklin pedia emprestado livros de homens influentes.

O que Franklin identificou corretamente é que as pessoas têm um viés de constância. Um pequeno favor leva a futuros favores. Aqui está um trecho de sua autobiografia descrevendo como ele converteu um inimigo em um apoiador ao pedir um livro emprestado:

> Ao ouvir que ele tinha um livro raríssimo e curioso em sua biblioteca, escrevi um bilhete para ele, manifestando meu desejo de ler aquele livro e pedindo-lhe o favor de me emprestá-lo por alguns dias. De imediato, ele me enviou o livro, e eu o devolvi cerca de uma semana depois, com outro bilhete, expressando de forma enfática minha gratidão pelo favor.
>
> Ao nos reencontrarmos na Câmara dos Representantes, ele falou comigo (algo que nunca havia feito antes), e com grande civilidade. Desde então, ele sempre demonstrou disposição para me ajudar em todas as ocasiões, de modo que nos tornamos grandes amigos, e nossa amizade perdurou até sua morte.
>
> Este é outro exemplo da veracidade de um velho ditado que eu tinha aprendido, que diz: "Aquele que já lhe prestou um favor estará mais disposto a lhe prestar outro do que aquele a quem você mesmo prestou um favor."

Os lançamentos com permissão são uma maneira maravilhosa de lançar qualquer nova ideia, mesmo para empresas já estabelecidas.

Em 2022, eu estava me preparando para lançar uma plataforma de software chamada QuickCoach voltada para coaches de fitness e nutrição, para que pudessem desenvolver e fornecer planos a seus clientes.

A plataforma é incrível. O problema? Ninguém quer outro software. Eu sabia que se as pessoas o experimentassem iriam adorar. O desafio era fazê-las experimentar.

Assim que conseguimos um protótipo funcional, eu elaborei uma lista de sessenta colegas e perguntei se eles me fariam o favor de conversar comigo pelo telefone. "Estou desenvolvendo algo especial, e seria muito útil se eu pudesse fazer algumas perguntas a respeito de como você desenvolve e fornece seus programas para seus clientes", eu disse.

Eu fiz quarenta chamadas breves focadas no processo deles e em suas frustrações. No final, compartilhei uma descrição pronta de trinta segundos acerca do que eu estava desenvolvendo e perguntei se poderíamos agendar outra chamada para receber um feedback sobre o protótipo depois que eu incorporasse o que tinha aprendido com nossa conversa.

Um mês depois, trinta e cinco pessoas se mostraram empolgadas para fazer um tour pelo protótipo. No dia do lançamento, esses colegas sentiram alguma responsabilidade pelo que criamos. Muitos contaram para amigos e compartilharam o vídeo promocional, ajudando a conseguir mais de 100 mil visualizações em vinte e quatro horas. No primeiro dia, alcançamos 5 mil usuários.

Quanto antes você vender, mais rápido descobrirá o que você realmente tem nas mãos. Até que uma venda seja realizada, tudo é um palpite. Talvez um palpite fundamentado, mas, ainda assim, um palpite. O primeiro passo é fazer uma venda. Construa seus pedestais depois.

A seguir, duas palavras para agregar mais valor.

CAPÍTULO 13

Encontre o seu "Para que"

*Uma prateleira – Processando cirurgiões –
Questione em vez de afirmar – O paradoxo da
cama de pregos – "E daí?" versus "Para que"*

Somente fazer algo não agrega valor automaticamente. Simplesmente ser alguém não garante que você seja valorizado.

Em sua cabeça, o valor que você agrega é óbvio. Para os outros, nem tanto.

Como seu produto ou serviço funciona não faz diferença. O que ele faz também não faz diferença. O que faz diferença é o que alguém aspira a se tornar graças ao que você faz.

E as vontades de cada um são diferentes.

———

Pense no que seu celular faz.

Você aperta um botão. Um sinal é emitido DO MALDITO ESPAÇO SIDERAL. Seu celular capta o sinal (de algum modo) e o converte NA MALDITA VELOCIDADE DA LUZ em fatos aleatórios, desde quem conseguiu o *home run* da vitória para o Toronto Blue Jays, na World Series de 1993 (Toque em todas, Joe!), até vídeos de pandas mastigando bambu, que, a propósito, são muito divertidos.

Ninguém entende como tudo isso acontece. Podemos recriar isso. Porém, não conseguimos entender de verdade. Realmente, trata-se de magia.

E, mesmo assim, ninguém fica empolgado com a conta de telefone.

O que é empolgante é encontrar sua alma gêmea em um aplicativo de namoro. O que é empolgante é anunciar uma gravidez no grupo da família. O que é empolgante é exibir nas redes sociais a tartaruga que você encontrou em Playa Pátzcuarito, uma praia isolada, de areia escura, no México.

A maioria das pessoas divulga o que faz como se fosse uma conta telefônica detalhada:

Quando você se inscreve no Fabuloso e Fantástico Coaching de Jonathan Goodman para Pessoas que Querem Corpos Fortes e Outras Coisas (FFCJGPQCFOC), você recebe:

- Três sessões por telefone comigo, a cada dois meses;
- Uma atualização de seu plano a cada duas semanas;
- Acesso a minha comunidade privada;
- Programação de fitness.

Agora, eu sei o que você está pensando: *um nome incrível de empresa de coaching e um acrônimo maneiro, Jon.*

Obrigado.

Mas, além disso, a lista de recursos acima não é muito fascinante, não é? Aposto que você passou rapidamente por ela.

Gigabytes são um recurso. Conversar com uma garota de quem você está a fim é um benefício. Os recursos são lógicos; eles apelam para a razão. Os benefícios são emocionais; eles falam ao coração. A emoção impulsiona a ação; a lógica a justifica. Só fale sobre os recursos se eles estiverem vinculados aos benefícios.

Estas são as dez categorias de benefícios que impulsionam a ação.

1. Amor
2. Saúde
3. Segurança
4. Salvação
5. Autoestima
6. Independência
7. Estabilidade financeira
8. Sexo / satisfação sexual
9. Reconhecimento na comunidade e entre os pares
10. Beleza / desejabilidade / atratividade pessoal[1]

Quando eu encontrar minha alma gêmea, vou receber amor, nós pensamos. *Quando eu contar para minha família que vamos ter um filho, vou melhorar minha autoestima, nós* prevemos. *Quando eu postar sobre minha férias, vou ganhar reconhecimento entre os pares, nós* supomos. As palavras que usamos podem variar, mas o conceito permanece.

———

A Pela Case vendeu mais de 1 milhão de capas biodegradáveis para celulares. Elas custam de 55 a 65 dólares. Isso parece inacreditável quando você pensa que uma simples pesquisa na Amazon revela centenas de capas que protegem perfeitamente um celular sendo vendidas por apenas 15 dólares.

Não é nada inacreditável quando você considera o que a Pela Case está realmente vendendo. A empresa está vendendo proteção para o celular, claro, mas o que realmente está vendendo é autoestima. Uma capa para celular é algo com que interagimos todos os dias e algo que os outros com quem interagimos veem. Para alguém preocupado com o meio ambiente, uma capa de plástico barata diz:

"Eu não me importo com o meio ambiente." Enquanto uma capa Pela Case diz: "Eu faço parte da solução." Pagar 40 dólares a mais uma vez em troca de autoestima diária é um ótimo negócio.

Venda para as pessoas o que elas querem e dê a elas o que elas precisam. Elas *precisam* de seu produto ou serviço; elas *querem* os resultados dele.

Primeiro, vamos aprender como descobrir o que realmente importa para os outros.

Em seguida, falaremos do paradoxo da cama de pregos referente à comunicação.

E, por fim, vou ensinar a você uma pequena mudança de palavras que faz uma grande diferença em como você é valorizado pelos outros. Vamos lá.

—

Uma prateleira

Digamos que você quer fazer alguns furos em sua parede. Eu sou um empreiteiro. Você achou meu número de telefone na internet e me ligou (e provavelmente também ligou para outros), pedindo ajuda.

Bem, você não pediria ajuda para mim porque sou péssimo com ferramentas. Então, digamos que você tenha perguntado a minha mulher, que é muito habilidosa nas tarefas domésticas. Não foi por isso que eu casei com ela, mas é um benefício extra, e eu acabei sendo o único a falar com você a respeito do serviço. Isso é confuso.

Ao telefone, eu perguntaria por que você precisa dos furos, porque há muitos tipos de furos que podemos fazer.

Você poderia dizer que precisa dos furos para poder pendurar uma prateleira. Eu perguntaria o que você pretende apoiar na prateleira.

E talvez você me respondesse que quer colocar uma foto de seu avô e a urna com as cinzas dele. Você diria que gostava muito dele na infância e quer guardá-lo na memória, assim como todas as lembranças felizes que tiveram juntos.

Você não quer furos, você quer se lembrar de seu avô.

Outros empreiteiros poderiam fazer os furos para você. Eu sou o único que sabe *por que* você os quer.

"Não é possível escutar alguém de verdade e fazer outra coisa ao mesmo tempo", escreveu o poeta M. Scott Peck.

"É algo raro escutar alguém na totalidade", afirmou Julian Treasure, especialista em som e comunicação. "Prestar total atenção a alguém é o maior presente que você pode dar a outra pessoa."

Escute com curiosidade. Seu intento é entender, e não responder ou impressionar.

O acrônimo RARP de Treasure é um arcabouço útil de quatro etapas para escuta ativa.[2]

1. Receber
A escuta eficaz significa encarar a outra pessoa e manter contato visual. Dê toda a sua atenção a ela.

2. Avaliar
Durante a fala da outra pessoa, mostre que você está prestando atenção com ações e sons assertivos. Assinta com a cabeça, sorria e adicione leves ruídos como *ahã*, *hum* e *uau* quando apropriado.

3. Resumir
Quando a pessoa terminar de falar, faça a transição para a próxima parte da conversa com a palavra "então" e resuma o que foi dito. "Então, o que você estava dizendo é que..."

4. Perguntar
Evite perguntas fechadas com possíveis propósitos, como: "Isso precisa ser bastante forte para apoiar livros?" E, em vez disso, aposte

em perguntas abertas, como: "O que você está querendo colocar na prateleira?"

—

Processando cirurgiões

Segundo Malcolm Gladwell, em seu livro *Blink*: "As pessoas não entram com processos contra médicos de quem gostam." A insatisfação que leva a litígios nunca é apenas resultado de um atendimento médico ruim. Assume-se que seja um atendimento médico ruim por causa do atendimento ruim ao paciente.

A satisfação do cliente é fruto de três fatores:

1. O quão importantes eles se sentem
2. Se funcionou (segundo a definição do cliente a respeito de um bom resultado, e não a sua)
3. Se eles se sentem apoiados o tempo todo

Os cirurgiões que nunca foram processados passaram, em média, mais de três minutos a mais com cada paciente. Eles também eram melhores ouvintes, expondo o que os pacientes descreveram com mais leveza e um tom de voz mais acolhedor, o que demonstrava preocupação genuína com o bem-estar deles. Finalmente, os cirurgiões que nunca foram processados eram mais propensos a estimular perguntas e se envolver em escuta ativa.

No entanto, eis a parte mais surpreendente para mim. A psicóloga Nalini Ambady conseguiu prever exatamente qual cirurgião seria processado sem ouvir nenhuma palavra. Ela desenvolveu uma técnica chamada *corte fino*, que eliminava sons de alta frequência.[3] Restaram apenas entonação, tom e ritmo.

Se a voz do cirurgião fosse considerada dominante, as chances eram maiores de que o cirurgião pertencesse ao grupo processado.

Se a voz do cirurgião fosse considerada calorosa, o cirurgião tendia a estar no grupo não processado.

Os juízes não sabiam nada acerca da experiência, formação ou procedimento realizado pelo cirurgião. Eles nem sequer ouviram as palavras ditas pelo cirurgião ao paciente.

"No final, tudo se resume a uma questão de respeito, e o modo mais simples de o respeito ser comunicado é pelo tom de voz, e o tom mais corrosivo que um médico pode assumir é um tom dominante", escreveu Gladwell.

Sim, sua expertise é importante. Assim como a qualidade de seu produto e serviço. Mas como as pessoas *sentem* que estão sendo tratadas por você é o que mais importa.

—

Questione em vez de afirmar

Você está com a respiração rápida ou lenta neste momento?

Você pensou em sua respiração? Se sim, considere o que acabou de acontecer com sua consciência.

Com algumas palavras escritas, acabei de mudar sua fisiologia. Nós não estamos conversando. Nem estamos no mesmo ano, e muito menos no mesmo ambiente.

Nós queremos sentir que estamos no controle de nossas vidas.

As perguntas têm o poder de mudar o foco, permitindo que a pessoa mantenha uma sensação de autonomia. Quando você está pedindo para alguém comprar, você está pedindo que a pessoa faça uma mudança – talvez uma grande, ou talvez uma pequena, mas, de qualquer forma, uma mudança –, e toda mudança envolve ambivalência. Nós não gostamos de receber ordens.

A Escolha Óbvia flerta com a ambivalência. Quanto mais autonomia você puder dar a um cliente em potencial, maior a probabilidade de ele comprar e fazer o que você disser.

Julgue a diferença entre as duas afirmações a seguir:

"Em minha mentoria, ajudamos você a se tornar uma das pessoas mais bem-sucedidas do setor, mostrando o que elas estão fazendo que você não está."

Versus

"Quando as pessoas me perguntam em que consiste minha mentoria, respondo com esta pergunta desafiadora: Você já se perguntou o que as pessoas mais bem-sucedidas neste setor sabem que você não sabe? Tipo, o que diabos elas estão fazendo que você não está?"

As duas afirmações dizem a mesma coisa. A primeira são minhas palavras. A segunda convida o receptor a se sintonizar com seu diálogo interno.

Eu não sei por que as pessoas acham que não são bem-sucedidas. Posso supor, mas não é necessário. Tudo o que preciso é lançar luz sobre a tensão que já existe na mente delas.

As boas perguntas não criam tensão, elas a iluminam. Você não é a causa do sofrimento delas, mas pode ser a solução.

Questione em vez de afirmar.

A tensão é necessária para a mudança. Solicitar uma venda não é apenas pedir dinheiro, também é pedir para a pessoa mudar; mudar suas crenças, seus hábitos de consumo ou padrões diários.

Se estão dizendo a você que você é muito caro, é provável que estejam mentindo para você.

O dinheiro raramente é uma objeção de verdade. Na maioria das vezes, a objeção de verdade é uma relutância à mudança, decorrente de uma falta de tensão. Basicamente, não é o suficiente para elas no momento, porque você ainda não as fez se conscientizar da importância que isso deveria ter para elas agora.

Meu *background* é em coaching, mas nos últimos treze anos estudei e realizei muitas vendas: vendas por telefone, anúncios pagos, mala-direta, redes sociais, afiliados, e-mails e todo o resto. Nossas empresas geraram lucros de milhões de dólares com isso. E nesse período, duas coisas ficaram claras:

1. Vender é uma forma de coaching.
2. O melhor coaching é o consultivo.

Palavras mágicas não vendem. O ceticismo curioso e confiante é que vende. Quando compramos, todos nós queremos a ilusão de autonomia, ou seja, ter a sensação de que somos nosso próprio chefe.

Comprar seu produto deve parecer uma decisão do comprador.

O paradoxo da cama de pregos

Shaquille O'Neal, ex-jogador de basquete, pediu aos fãs no Facebook que sugerissem um nome para seu novo barco.

"Chame de 'Lance Livre' para que nunca afunde" foi a resposta mais votada, o que é hilariante.

Shaq não era habilidoso em todos os fundamentos do jogo. Ele foi um dos piores arremessadores de lance livre na história da NBA, com uma média de apenas 52,7% de acertos. Mas isso pouco importa. Ele está no Hall da Fama devido a seu domínio dentro do garrafão.*

---

* A associação entre "*free throw*" (lance livre) e "para que nunca afunde" sugere que, como Shaquille errava a maioria dos lances livres (não conseguindo "afundá-los" na cesta), o barco com o nome "Free Throw" também nunca afundará. (N. T.)

Um truque de mágica bem conhecido é se deitar em uma cama de pregos, curtir os suspiros dos espectadores que acham que os pregos vão dilacerar sua pele, e, depois, deleitar-se com os aplausos ao se levantar, são e salvo.

Não há nada de mágico no truque. Ele apenas demonstra os princípios da pressão: a aplicação de força sobre uma determinada área.

Se você pisar em um único prego, ele vai atravessar seu pé. Por quê? Porque toda a força – seu peso – está concentrada na pequena área da pele que faz contato. Por outro lado, uma cama de pregos distribui a mesma quantidade de força por uma área tão grande que os pregos não dilaceram a pele.

A comunicação eficaz se concentra em um único prego.

Mais não é melhor. Concentre-se em uma única coisa. Cada novo elemento que você aborda em seu marketing diminui o poder dos outros.

Se seu "prego" não for imediatamente óbvio, crie uma pesquisa pós-compra com uma única pergunta:

"Estou curioso. O que fez você comprar (nome do seu produto) agora?"

O feedback baseado em compras reais logo após a compra é mais exato. Os entrevistados precisam receber sua pergunta imediatamente depois da compra. Pegue-os no calor do momento.

Por exemplo, a Girls Gone Strong (GGS) é uma empresa que vende uma qualificação profissional para profissionais da saúde focada no cuidado de mulheres no período pós-parto. Os funcionários ficaram agradavelmente surpresos ao constatar que muitos homens estavam adquirindo o serviço. Então, perguntaram o que estava acontecendo na vida do homem. De todas as coisas que ele poderia comprar, por que isso e por que naquele momento?

Na maioria dos casos, alguém próximo do homem (uma cliente, a esposa ou uma familiar) engravidou, ou seja, uma situação que desencadeou a compra. Então, a GGS passou a se concentrar em propiciar apoio para entes queridos, e não em ganhar mais dinheiro no setor ao se tornar um profissional mais qualificado.

—

Escrever isso me lembra de uma vez em que a visita de um amigo se transformou em uma consultoria de negócios.

Durante muitos anos, ele trabalhou para uma academia até finalmente conseguir montar o próprio centro dedicado ao treinamento de força e condicionamento físico para jovens. O negócio não estava indo bem.

Eu sabia que ele precisava de um diferencial – seu "prego" –, e pedi para ele me explicar como eram as sessões com os clientes. Para minha surpresa, não havia sequer uma esteira ou equipamento para exercícios aeróbicos envolvido. Aqui está o que ele disse (parafraseado) quando perguntei se isso era normal.

Os atletas estão sempre ocupados, cara. São garotos.

Eles têm escola e querem sair com os amigos.

Eu os vejo duas ou três vezes por semana, e não há garantia de que eles se exercitarão sozinhos, principalmente se forem exercícios aeróbicos de intensidade constante. Além disso, as lesões por sobrecarga devido às corridas de longa distância são um grande problema nos esportes juvenis.

Se fizermos todo o trabalho focado nas habilidades específicas e no treinamento de força no ritmo certo, os garotos sentirão o efeito de exercícios aeróbicos. Mas todo mundo sabe disso.

Em poucas palavras, meu amigo descreveu:

- **O problema.** Os garotos estão sempre ocupados.
- **A dor.** Os garotos querem ser garotos e sair com os amigos.

- **A dor dos pais (que pagam as contas).** Prevenção de lesões.
- **A solução.** Ajustar o ritmo do treino para obter benefícios aeróbicos.

O "prego" de meu amigo – incorporar o aeróbico nos exercícios – é uma das muitas coisas que ele faz. A próxima ação envolve personalizar isso como algo exclusivo em dois passos:

1. Dar um nome único.
2. Criar conteúdo destacando os problemas dos outros treinamentos e como seu sistema exclusivo resolve esses problemas.

No final da resposta dele, havia palavras prejudiciais. Você percebeu quais foram?

"Mas todo mundo sabe disso", ele disse.

Meu amigo apresentou seu "prego" como algo de conhecimento geral. E, entre seus colegas coaches, realmente é.

Mas os pais de seus jovens atletas sabem disso? Eu duvido.

Mais um exemplo.

O fabricante de café da marca Bulletproof Upgraded Coffee afirma que seu processo de fabricação elimina todas as micotoxinas, ou seja, um fungo propenso a causar inflamação, fadiga e talvez câncer.

Tenho certeza de que é verdade que a empresa elimina isso. Mas sabe o que mais é verdade? Todo café importado comercialmente, em todos os países desenvolvidos, elimina essa substância há pelo menos quarenta anos.

No livro *Coffe Physiology*, publicado em 1988 (décadas antes de o Bulletproof Upgraded Coffee chegar ao mercado), os autores escreveram: "As micotoxinas foram, às vezes, associadas ao café: novamente, sua importância não deve ser exagerada, pois não apresentam risco tóxico excessivo com as boas práticas de fabricação normalmente encontradas na produção de café."

Todos do setor de café sabiam como as micotoxinas eram nocivas. Também sabiam que seu processo de fabricação as eliminava. Porém, o público não sabia. A Bulletproof Upgraded Coffee percebeu a oportunidade de mercado dessa disparidade de conhecimento e a transformou em seu "prego".

Quando estamos cercados por pessoas que pensam como nós, é fácil cair na armadilha de achar que o que sabemos não é algo especial. Para pessoas como você, não é. Mas os consumidores não são como você. Eles não sabem o que você sabe.

Mais uma vez, você está muito perto de seu próprio "prego".

———

"E daí?" versus "Para que"

Por fim, uma pequena mudança de palavras que faz uma grande diferença.

A pior coisa que alguém pode pensar quando você está descrevendo o que faz é "e daí?".

Felizmente, há um truque simples.

Daqui em diante, sempre que você mencionar um recurso, acrescente uma expressão "para que" ligando-a ao benefício.

Alguns exemplos:

- Oferecemos 7 gigabytes de dados para que você possa compartilhar vídeos de suas aventuras no exterior com seus amigos em casa.
- Fornecemos o programa "cinco resultados rápidos" para seus filhos para que eles evitem lesões, façam um treino excelente e dominem o campo de jogo.
- Nosso liquidificador possui um motor potente de 1.560 watts para que você possa triturar gelo e preparar um smoothie delicioso e nutritivo que seus filhos vão adorar.

Em cada caso, você converteu um recurso que soa bem, mas relativamente comum, trivial e, de outra forma, inexpressivo, em um benefício significativo para uma pessoa específica, tornando óbvia a escolha do que comprar.

Em seguida, o que fazer, pois as redes sociais evidentemente não são suficientes.

CAPÍTULO 14

As redes sociais não são suficientes

Uma maneira melhor – Brinquedos que fazem mais – O arcabouço da criação de conteúdo em quatro etapas – A qualidade da troca

Para cada jovem de 18 anos nas redes sociais que acha que precisa de um grande número de seguidores apenas para fazer algumas vendas há uma centena de donos de negócios discretos ganhando mais em silêncio.

De acordo com o jornalista Oliver Bukerman, "a economia da informação é basicamente uma máquina gigantesca para convencê-lo a tomar decisões erradas sobre o que fazer".[1]

Criar conteúdo é uma maneira superestimada para construir um negócio.

———

Certa vez, Snoop Dogg e a empresa Solo Stove fizeram parceria em uma campanha de marketing que viralizou, obtendo 19,5 bilhões de visualizações na mídia global.[2]

Nessa campanha, Snoop disse que estava "desistindo da fumaça"*.[3] A empresa de lareiras sem fumaça conseguiu 60 mil novos seguidores nas redes sociais.[4] A *AdAge,* revista especializada em propaganda e marketing, classificou a campanha como o décimo oitavo melhor anúncio de 2023.[5]

Dois meses depois, o CEO da Solo Stove pediu demissão com a seguinte declaração: "Embora nossas campanhas de marketing singulares tenham ampliado a visibilidade da marca Solo Stove para um público maior e novo de consumidores, isso não resultou no aumento de vendas planejado."

Uma imensa quantidade de visualizações não ajuda o negócio se ninguém se importa com o negócio.

O aumento da visibilidade da marca pode ser benéfico a longo prazo. Só não dependa do conteúdo para seu sucesso a curto prazo.

As redes sociais são mais bem consideradas como um indicador de impacto retardado, e não prematuro. Elas amplificam o que já existe. É o combustível, e não o fogo.

Vou repetir: considere sua plataforma como uma conta de poupança. Faça depósitos quando tiver tempo e dinheiro extras. É válido esperar que a plataforma gere interesse contínuo, desde que você planeje que isso levará anos para se transformar em algo significativo.

Até este momento, você pode achar que sou contra as redes sociais. Longe disso. Todos deveriam desenvolver sua plataforma . Porém, a maneira como a maioria das pessoas faz isso está levando-as à exaustão. Vamos mudar isso. Pode ser uma ótima forma de usar o tempo.

---

* O conhecido músico Snoop Dogg é um grande apreciador e defensor da maconha. Ao afirmar que "estava desistindo da fumaça", Snoop simbolicamente estava dizendo que estava deixando de fumar, promovendo o produto da Solo Stove, que é uma lareira que proporciona a eliminação da fumaça. (N. T.)

Uma maneira melhor

O problema de Jeff Steinberg não era fazer vendas, mas atrair pessoas suficientes para vender.

Uma vez que as pessoas estavam na comunidade privada e gratuita dele, convertê-las em clientes para o Fit Parent Project era simples. O problema de Jeff era que as redes sociais não estavam despertando interesse; ninguém estava aderindo a sua comunidade.

Você não compete com outros donos de negócios ao criar conteúdo. Você disputa a atenção com influenciadores em tempo integral.

Alimentar a máquina é exaustivo. Além de administrar um negócio, muitas vezes é demais. Se você curte criar conteúdo, então, sem dúvida, não pare de fazer isso. A maioria não para. A maior parte das pessoas me diz que isso é uma fonte constante de ansiedade, frustração e exaustão, mas elas não conhecem uma maneira melhor.

Se todo mundo fica na ponta dos pés em uma parada, ninguém consegue uma boa visão. Não imite essas pessoas. Encontre sua própria parada ou se junte a alguém que já encontrou um bom lugar.

Em vez de tentar atrair pais mediante seu próprio conteúdo, Jeff encontrou mulheres que equilibram a maternidade com a gestão do próprio negócio com pelo menos 10 mil seguidoras. Essas mulheres já estavam vendendo produtos de saúde a preços elevados para o público-alvo. E pessoas que compram produtos de saúde de alta qualidade compram muito.

Rhoweana, ou "Rhow", era proprietária e administrava a Healing Mama Co. A empresa fabricava kits para gestantes e mulheres no pós-parto. A página do Instagram de Rhow tinha 22 mil seguidoras.

Na época, uma bolsa especial para parto e pós-parto da Healing Mama Co. custava 288,88 dólares. Jeff comprou uma e fez um sorteio em parceria com Rhow no Instagram. Para participar, as

AS REDES SOCIAIS NÃO SÃO SUFICIENTES

pessoas precisavam ingressar no Fit Parent Project de Jeff (onde o vencedor foi anunciado). Mais de cem pessoas se inscreveram.

A maioria das pessoas enxerga as redes sociais como uma ferramenta para atrair atenção. E elas são. Porém, você tem que estar totalmente comprometido com a criação de conteúdo; um jogo que a maioria dos donos de negócios com quem eu converso não quer jogar.

Construir sua conta como se fosse uma página de venda, com atualizações, estudos de caso e depoimentos, é uma maneira melhor. A função da página não é atrair atenção, mas converter a atenção que foi atraída em outros lugares.

O valor do pacote mínimo de coaching de Jeff é de 2 mil dólares. Ele poderia realizar sete promoções com Rhow e conseguir uma cliente para alcançar o ponto de equilíbrio.

Em seis meses, ao mudar seu foco do ciclo sem fim de criação de conteúdo, seu negócio cresceu a ponto de sua mulher deixar o emprego insatisfatório e se juntar a ele no trabalho. E Rhoweana também ficou feliz. Ela fez uma venda.

Brinquedos que fazem mais

Sara Feldstein abandonou a carreira de contadora para criar a "Toys That Do More" [*Brinquedos que fazem mais*] por meio de sua empresa, a Barumba Play. Seu primeiro produto ambicioso: seu sofá modular para crianças brincarem.

Uma história inspiradora de resiliência e superação, Sara recebeu muita atenção da mídia e até ganhou uma bolsa "She's Next" da Visa. Não só isso, seu conteúdo no TikTok começou a ter centenas de milhares de visualizações.

Nada disso vendeu sofás.

O grande destaque na mídia foi uma boa prova social para exibir em seu site, mas não atraiu clientes. Bem, acontece que se identificar como contadora no TikTok é uma maneira discreta de dizer que você é uma profissional do sexo. Assim, nessa rede social, as pessoas achavam que Sara era uma prostituta que vendia sofás para brincar que "fazem mais". Elas ficaram compreensivelmente desapontadas.

A Barumba Play é o que eu chamo de negócio abacate, ou seja, um negócio que parece promissor, mas não é.

Ainda não.
Ainda não.
Ainda não.
COMA-ME AGORA!
Tarde demais.
– Abacates

Os abacates têm um prazo de validade curto para serem consumidos.

Um cliente não sabe que o produto existe. Então, ele está fazendo compras para uma nova casa. Se você não atrair o cliente naquele instante e mostrar como os sofás para brincar são incríveis, será tarde demais. Eles não têm mais espaço.

O desafio de Sara é se inserir em lugares aos quais as pessoas vão quando estão prontas para comprar, sabendo que, alguns dias antes, elas provavelmente nem sabiam que sofás para brincar existiam.

Sara encontrou uma página com artigos com resenhas de avaliação sobre sofás para brincar no Google. Então, ela escreveu um com o sofá da Barumba Play, formatado no estilo da página, e enviou por e-mail para o blogueiro. Sara levou dez minutos para criar.

"Quanto mais você facilitar para eles, maior a chance de dizerem sim", Sara disse.

A primeira resenha gerou 85 mil dólares em receita líquida. Então, ela repetiu o processo com outro blog e conseguiu 36 mil dólares referentes a cinquenta e duas vendas rastreadas por um código de referência.

"Os artigos com resenhas estão na parte inferior do funil. São ótimos, mas não existem muitos, e nem todo mundo está comprando neste momento. A maioria das pessoas ainda não sabe o que é um sofá para brincar. Assim, meu próximo trabalho é encontrar pessoas na parte superior do funil e educá-las", Sara me disse.

Em *Breakthrough Advertising*, Eugene Schwartz descreve cinco níveis de conscientização do cliente:

1. Inconsciente: o cliente não sabe que tem um problema.
2. Consciente do problema: ele sabe que tem um problema, mas não sabe qual é a solução e ainda não está procurando.
3. Consciente da solução: ele começou a explorar soluções, mas não conhece todas as opções.
4. Consciente do produto: ele conhece as opções e está comparando-as ativamente.
5. Plenamente consciente: ele sabe que quer comprar, mas ainda não fez isso.

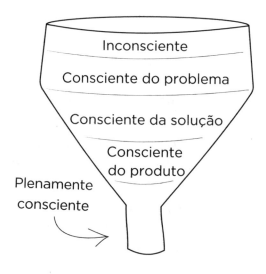

Os conteúdos de blog com resenhas de sofás para brincar atraem clientes já interessados em comprar um porque eles estão comparando opções ativamente. Eles estão conscientes do produto.

Em seguida, ela mirou nos mesmos sites que já estavam gerando vendas para ela com artigos inserindo a Barumba Play como uma ótima solução para um problema que os leitores já têm. Por exemplo, um artigo tinha o título "Como entreter crianças em dias chuvosos (sem TV)".

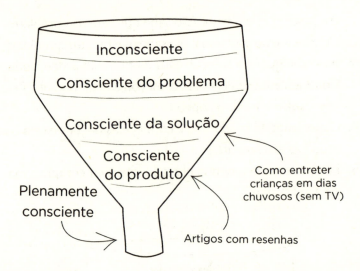

Ascendendo mais uma vez pelo funil, a entrevista pós-compra de Sara forneceu insights sobre dois perfis conscientes do problema: pessoas que ainda podem não estar procurando uma solução, mas que precisam de uma: pessoas que moram em casas pequenas e terapeutas ocupacionais especializados em realizar terapias com crianças autistas.

Agora, ela está pesquisando termos do tipo: "Como criar uma família em uma casa pequena?", redigindo previamente artigos da Barumba Play e pedindo para que sejam adicionados.

Por fim, ela deixou de lado o catálogo canadense e americano de terapeutas ocupacionais e enviou e-mails formais descrevendo os benefícios dos sofás para brincar para entreter crianças autistas de forma segura. Depois, ela carregou esses e-mails para um público-alvo e direcionou artigos para os terapeutas ocupacionais por meio de anúncios pagos nas redes sociais.

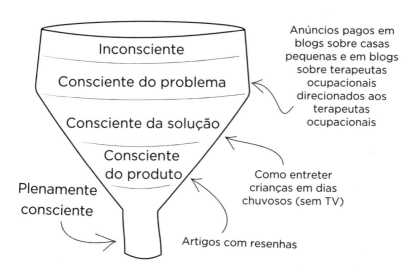

Você tem que encontrar as pessoas onde elas estão se quiser levá-las para onde precisam ir. Quanto mais na parte inferior do funil você estiver segmentando, mais específico você pode ser sobre seu produto.

1. **Conscientes do problema** – Identifique o problema. Mostre às pessoas que uma solução existe.
2. **Conscientes da solução** – Demonstre como sua solução resolve o problema melhor do que as outras opções que elas talvez estejam considerando.

3. **Conscientes do produto** – Compare as opções. Compartilhe resenhas e estudos de caso.
4. **Plenamente conscientes** – Instigue as pessoas a comprar agora com qualquer combinação de urgência (tempo limitado para comprar), escassez (quantidade limitada para comprar), bônus ou descontos.

Sara não precisava se tornar conhecida como uma mulher que equilibra a maternidade com a gestão de seu próprio negócio. Ela não precisava de um afago no ego. Ela queria vender sofás. Depois que Sara fez a mudança para um conteúdo mais focado, levou apenas um ano e meio para atingir seu primeiro milhão de dólares em vendas.

Antes de fazer o trabalho, pense sobre o trabalho que você está fazendo. Um post para uma câmara de eco vazia nas redes sociais leva o mesmo tempo para ser criado que uma atualização em um site de resenhas.

—

O arcabouço da criação de conteúdo em quatro etapas

Frustrar-se porque pessoas aleatórias no mundo não ficam impressionadas com você quando você acabou de começar a fazer algo novo – algo que não seria razoável você esperar que fosse bom por um longo tempo, algo que você fez em paralelo com todas as suas outras responsabilidades – é um erro.

Isso, além de um vício por imediatismo e a terrível armadilha da comparação – em que comparamos nossos erros com os melhores momentos dos outros –, nos faz pensar que, se não temos uma resposta imediata a nosso post na rede social, somos um fracasso.

AS REDES SOCIAIS NÃO SÃO SUFICIENTES

Progressão de criação de conteúdo

Há valor no conteúdo quando você está começando, e há valor contínuo. O segredo é descobrir qual valor você precisa tirar disso com base em sua situação em um dado momento.

Primeiro, crie conteúdo para si mesmo. Depois, para seus clientes. Em seguida, para seu setor. E, por fim, para o mundo.

Etapa 1: Crie conteúdo para si mesmo

Criar conteúdo é uma maneira superestimada para construir um negócio a curto prazo, mas subestimada para aprender. E a melhor forma de aprender é ensinando.

Em 2008, criei meu primeiro blog chamado *The Champion Lifestyle* [*O estilo de vida do campeão*].[6] Ninguém leu.

Naquela época, eu treinava de dez a doze clientes em sessões individuais diariamente, voltava para casa e ficava lendo. Depois, escrevia artigos curtos sobre o que tinha lido e experimentado com os clientes. Isso acelerou meu aprendizado como treinador e me tornou um escritor melhor. No mundo do fitness, chamamos isso de "fazer as repetições".

Documente sua jornada. Dissocie-se do resultado. Primeiro, para aprender, produza sem pensar nos outros.

Além disso, obrigado, mãe, pelo comentário em meu primeiro blog. Foi o único engajamento que tive durante dois anos.

Etapa 2: Crie conteúdo para seus clientes

Tudo bem querer impressionar as pessoas, desde que você escolha as pessoas certas para querer impressionar.

Depois de conseguir alguns clientes, crie conteúdo para eles. Nada do que você disser será revolucionário. Você leu os mesmos livros e assistiu aos mesmos vídeos que outros profissionais de seu setor. Mesmo assim, será útil. Seu público vai gostar de receber informações de você.

Concentre-se em si mesmo. Busque ajudar. Seja autêntico.

Crie um boletim informativo, mantenha um blog, grave um podcast, faça vídeos ou publique nas redes sociais. Não faz diferença qual seja sua escolha, desde que o objetivo seja servir da melhor maneira seus clientes já existentes.

Em 2010, criei um blog para meus clientes. Eu recebia uma pergunta, dava uma resposta e então ia para casa para escrever um artigo que eu pudesse enviar por e-mail para todos os meus clientes.

Não que eu não quisesse ficar famoso na internet. Eu não sabia que isso era possível. Ignorância, porém, otimista. É bem verdade que o mundo era diferente naquela época. Ainda assim, os artigos não tinham a intenção de impressionar o mundo. Realmente, eles estavam tentando ajudar as pessoas com quem eu já trabalhava.

A maioria dos donos de negócios deveria permanecer na etapa 2 durante toda a carreira. Você obterá diversos benefícios sem as desvantagens da síndrome do impostor, da exaustão e da perda de tempo frequentes na economia dos criadores.

AS REDES SOCIAIS NÃO SÃO SUFICIENTES

Embora não deva ser o objetivo, há uma chance de que seu trabalho seja descoberto por pessoas fora de sua rede. As abordagens autênticas tendem a repercutir.

Alguns de meus conteúdos de blog viralizaram e chamaram a atenção de pessoas influentes.

Em pouco tempo, a Livestrong, uma organização sem fins lucrativos, me classificou como um dos quarenta e cinco "melhores treinadores de quem você nunca ouviu falar". Em seguida, a revista *Men's Health* me convidou a contribuir para um livro, e me foi oferecida uma vaga como colaborador do blog de Arnold Schwarzenegger. Na época, eu era um personal trainer que trabalhava em uma academia pequena em Toronto.

Aprendi duas coisas depois de viralizar várias vezes:

1. O melhor conteúdo procura realmente ajudar uma pessoa específica que você pode nomear, e não impressionar o mundo.
2. Ser destaque em grandes meios de comunicação não resulta em negócios.

Nenhum dos destaques que ganhei gerou um único cliente. Nunca. Literalmente, nenhum.

Existe essa ideia equivocada de que você precisa fazer coisas legais no mundo virtual para conseguir fazer coisas legais no mundo real. É o contrário. Faça coisas legais primeiro e depois fale sobre elas de maneira legal.

Os conteúdos de blog que eu escrevi não resultaram em clientes, mas chamaram a atenção do setor. Essa atenção, juntamente com o fato de eu ser realmente bem-sucedido em meu trabalho, *fora da atividade de escrever*, foi uma combinação poderosa.

Em pouco tempo, os colegas começaram a me perguntar o que eu estava fazendo. Assim, também comecei a escrever sobre isso.

Até esse momento, o número de seguidores não tem importância. Se você decidir fazer a transição para a etapa 3, isso muda.

Etapa 3: Crie conteúdo para seu setor

Andrew Coates não largou seu emprego diário. É de onde vêm as ideias para seu conteúdo. Além disso, ele compartilha o trabalho de seus colegas e apresenta um podcast de entrevistas. Em quatro anos, ele conquistou 150 mil seguidores no Instagram. Ele ainda complementa seu trabalho organizando uma conferência do setor.

Os investimentos contínuos de Andrew em seu capital profissional estão levando a um futuro promissor. Como o podcaster, Jordan Harbinger costuma dizer: "Ele está cavando o poço antes de ficar com sede."

Durante dois anos, de 2011 a 2013, trabalhei no site Personal Trainer Development Center (theptdc.com) à noite, após um dia inteiro de atendimento aos clientes. Eu escrevia e publicava artigos de outros especialistas do setor.

Nosso primeiro produto foi um e-book de colaboração coletiva intitulado *101 Personal Trainer Mistakes* [*101 erros de pesonal trainers*]. Pedi contribuições aos colegas, colei nas páginas do Microsoft Word e paguei 5 dólares por uma arte da capa. O e-book teve trezentos downloads na primeira semana.

Não se preocupe com o que vender se você está na etapa 3. Seu trabalho diário deve estar proporcionando dinheiro suficiente a você. Em vez disso, concentre-se em expandir sua audiência desenvolvendo uma plataforma em benefício de seus colegas.

Então, após conquistar uma boa audiência, pergunte o que é necessário, crie isso e venda para ela.

Em 2015, meu site tinha 4 milhões de visitantes por ano. De 2011 a 2023, organizei cinco conferências, publiquei onze livros, desenvolvi seis produtos digitais, criei um curso de qualificação e

AS REDES SOCIAIS NÃO SÃO SUFICIENTES

elaborei uma plataforma de software. Já atendemos mais de 200 mil clientes em cento e vinte países.

Etapa 4: Criar conteúdo para o mundo

Certa vez, Elon Musk escreveu no X: "Para melhorar a qualidade do sono, levante a cabeceira da cama de três a cinco centímetros e não coma três horas antes de dormir."[7]

Musk não é um especialista em sono. Seu tuíte é chato e o conselho é básico. Apesar disso, teve 31 mil compartilhamentos e 349 mil curtidas. Como teste, eu copiei a mensagem dele e tuitei em minha conta. Não tive uma única curtida. A diferença é que ele é Elon Musk e eu não sou.

A liderança de ideias consiste, principalmente, em reputação conquistada pela pessoa ao longo do tempo, e não na qualidade do conteúdo.

A verdade é que o sucesso nas redes sociais sem sucesso no mundo real é muito raro. Você alcança a etapa 4 conquistando reputação e, então, passa a amplificar seu impacto por meio do conteúdo.

Se você está nesse nível, é importante compreender, ao mesmo tempo, por que as pessoas utilizam as redes sociais e como combinar tipos distintos de conteúdo.

Em meu livro *Viralnomics*, publicado em 2015, escrevi sobre como todos nós somos viciados em uma droga invisível chamada IIIAE, ou seja, usamos as redes sociais principalmente como um ato de autorrepresentação seletiva, como uma maneira de sentir que aparentamos ser Inteligentes, Interessantes, Intelectuais, Atraentes ou Engraçados.

Se realmente aparentamos ser assim ou não é irrelevante. O que importa é que achamos que somos. Nossa autoestima não é impactada pela realidade, mas por *nossa* versão da realidade.

Deixe-me fazer uma pergunta: por que um cavalo não faz ligações?

Porque ele poderia dar um trote.

Se você me acha engraçado ou não, isso não muda como eu me sinto a respeito de mim mesmo. O que importa é o que eu acho que você acha que sou. E essa piada é muito engraçada.

As informações são compartilhadas por três razões:

1. A pessoa que compartilha quer se tornar parte de um grupo.
2. A pessoa que compartilha quer fortalecer sua posição no grupo.
3. A pessoa que compartilha acha que o material a faz parecer engraçada ou inteligente.

O conteúdo que melhor atrai novos seguidores é diferente do conteúdo que os converte em clientes.

Simplificando ao máximo, os líderes de ideias publicam uma combinação de três tipos de conteúdo:

1. Viral – atrai seguidores.
2. Valor – resolve os problemas deles.
3. Profundidade – cria conexão com eles.

As contas exclusivamente virais atraem o maior número de seguidores, mas carecem de uma capacidade significativa para vender.

As contas que incluem apenas conteúdo de solução de problemas costumam carecer de magnitude para causar impacto.

E se você está só postando informações pessoais, não está criando conteúdo, e, sim, compartilhando coisas sobre sua vida com alguns amigos.

A proporção ideal de diferentes tipos de conteúdo sofre mudanças. No início da etapa 4, a proporção deve ser mais tendente ao viral. Posteriormente, ao valor.

Você pode ver exemplos de conteúdos virais, de valor e de profundidade para melhor entender como são os diferentes tipos de conteúdo em www.JonathanGoodman.com/Post.

A qualidade da troca

Atualmente, é muito fácil fazer um trabalho de má qualidade.

É muito fácil achar que você está trabalhando, quando tudo que está fazendo é postar uma atualização de status.

É muito fácil achar que você está fazendo marketing, quando tudo o que está fazendo é editar um vídeo de sete segundos com um aplicativo gratuito em seu celular.

É muito fácil criar uma imagem de qualquer jeito, fazer um site gratuito de forma apressada ou enviar cinquenta e-mails de "networking" de uma só vez.

Qualquer pessoa, em qualquer dia, de graça, com um estúdio de produção de mídia no bolso, pode começar um negócio e publicar conteúdo nas redes sociais. Que maravilha. De fato.

Mas se é fácil para você, é fácil para os outros.

Por causa disso, há mais barulho e menos qualidade do que nunca. As visualizações continuarão a ser mais difíceis de conseguir e mais caras para comprar.

Correr atrás de plataformas é exaustivo. Talvez exista uma forma melhor de aproveitar o algoritmo hoje, mas isso vai mudar amanhã. A longo prazo, isso não terá importância.

Tentar vencer na internet é sedutor. Em quase todos os casos, as pessoas que fornecem valor diretamente para uma comunidade muito menor ganham mais dinheiro. Em vez de tentar monetizar uma atenção generalizada, elas monetizam a qualidade da troca.

Ao longo de sua carreira, é razoável que seus objetivos mudem. Isso pode mudar a maneira como você decide medir o sucesso.

Cabe a você decidir usar ou não as redes sociais. Se decidir usá-las, defina o que significa "fazer dar certo" para você. As redes sociais nunca foram necessárias para o sucesso e nunca serão. São simplesmente uma ferramenta. Uma ferramenta potencialmente útil, mas apenas uma ferramenta.

A seguir, a melhor maneira de ganhar mais dinheiro.

CAPÍTULO 15

Baleias e sardinhas

Fotos sensuais – Lutadores sem dinheiro – A falácia da renda passiva – Dinheiro para a vida toda – Simples, mas não fácil

"O lucro e o bem comum são dois lados da mesma moeda", escreveu Hernan Diaz, autor ganhador do Prêmio Pulitzer, em seu romance *Trust* [*Confiança*].

Faça ser caro. Ou faça ser gratuito.

Se você quer atender as sardinhas, precisa vender para as baleias.

——

Todos os olhares estavam voltados para mim quando a covid-19 arrasou o setor de fitness.

Cinco anos antes, eu tinha escrito o manual do fitness como parte da Online Trainer Academy (OTA – Academia de Treinadores Online). Em 2021, mesmo com mais de 11 mil ex-alunos, grande parte de meu setor estava desinformado ou desinteressado do coaching remoto. De repente, todos foram forçados a ir para o online e precisaram do que eu tinha a oferecer. Foi uma época estranha.

A OTA, ao custo de 1.999 dólares, era muito cara. Meus colegas estavam enfrentando dificuldades. Em resposta à pandemia, achei que seria uma boa estratégia cortar custos e baixar o preço para 799 dólares.

Grande erro.

Conseguir um cliente que paga pouco é tão difícil quanto conseguir um cliente que paga muito. E quando consideramos o valor que os clientes que pagam pouco trazem para nossos negócios, descobrimos que eles tendem a drenar o resultado financeiro final e arruinar a experiência para os outros.

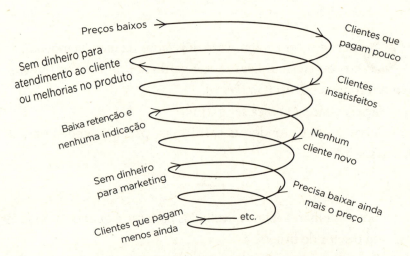

A Espiral Descendente de "Eu só quero ajudar as pessoas com preços baixos" é o que acontece quando você vende seu produto ou serviço por um preço muito baixo.

Se você não tem dinheiro suficiente para oferecer um produto de alta qualidade e prestar um ótimo atendimento ao cliente, acaba com clientes insatisfeitos que acabam não fazendo indicações. Então, você se vê forçado a correr atrás de novos clientes aumentando a publicidade paga e/ou oferecendo mais promoções e descontos.

O processo entra em uma espiral descendente e leva seu negócio à falência.

O ciclo de aceleração funcional de baleias e sardinhas

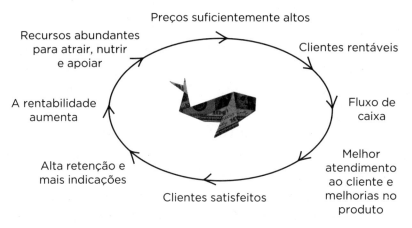

Lucros maiores resultam em melhor atendimento ao cliente, produto melhor e, em última análise, mais sucesso para suas baleias. Ao mesmo tempo, isso permite que você nutra suas sardinhas, ajudando-as e fazendo-as crescerem, para que, quando se transformarem em baleias – quando estiverem prontas para comprar algo como seu produto – você seja a Escolha Óbvia.

A Tesla Motors começou a vender um conversível esportivo de dois lugares de preço elevado. No início, Elon Musk sabia que não poderia concorrer com a eficiência operacional dos fabricantes de automóveis tradicionais. Assim, ele fez seu primeiro carro ser estiloso, diferente e caro. Então, vendeu-o para algumas baleias. Ao longo do tempo, a empresa introduziu modelos mais baratos.

Musk sabia que é mais fácil atingir o mercado de baixo custo do que o de alto custo.

Quando seu negócio é novo, você carece da escala necessária para fabricar um produto que seja bom e barato ao mesmo tempo.

Então, escolha. Mas lembre-se, você é julgado com base em sua capacidade de resolver o problema de alguém.

Tudo bem dizer à maioria das pessoas para ir para outro lugar. Eu me esqueci dessa lição. Mais clientes e menos lucro me forçaram a cortar custos. Nosso atendimento ao cliente, que anteriormente era excelente, não consegui manter o nível. Além disso, o orçamento para conteúdo foi reduzido, o podcast foi interrompido e o desenvolvimento de novos produtos foi suspenso.

Reduzir o preço para que todos pudessem pagar por nosso produto quase levou à falência minha empresa. Eu virei o jogo ao aumentar o preço em 50%. Então, em 2023, voltei a aumentar. O programa agora custa 1.599 dólares.

Ao mesmo tempo, voltei a dar importância a um serviço de alto nível que custa mais de 10 mil dólares, destinado ao 0,01% da elite de nosso setor, chamado Online Trainer Mentorship, e comecei a investir pesadamente em conteúdo gratuito para os 99,99% que ainda não tinham condições de pagar para trabalhar conosco.

Aumentar os preços transforma as espirais descendentes em ciclos de aceleração funcionais.

Baleias e sardinhas é uma abordagem de negócios que transforma "por que eu deveria comprar *de você?*" em "posso comprar de você?", ao mesmo tempo que também torna fácil para você ajudar aqueles que nunca compram.

Que maravilha.

—

Baleias e sardinhas também é uma filosofia de vida.

Diga sim ou diga não.

Apareça ou não apareça.

Decida o que precisa ser feito ou não faça.

As pessoas de sucesso tomam decisões binárias e aceitam os *trade-offs*. As pessoas sem sucesso não conseguem dizer não às oportunidades abaixo do padrão. Elas se enrolam no meio, com medo de se comprometer totalmente com poucas coisas; ao contrário, optam pela aparente segurança de muitas.

Não podemos fazer tudo. Nem sequer conseguimos fazer muito. E tentar fazer tudo é uma excelente maneira de não fazer nada bem.

"Não é grosseiro dizer não para uma pessoa se isso significa que você pode dizer sim para mais pessoas", escreveu Ryan Holiday, autor e especialista em marketing. Certa vez, em 1954, o presidente Harry Truman escreveu uma carta em resposta ao sr. Taylor que dizia: "Sua pergunta será respondida no livro que estou prestes a publicar, assim que possível."[1] Poesia.

Um exemplo pessoal:

Minha mulher e eu fomos a um show do John Butler Trio. A interpretação dele de *Ocean* quase nos levou a outro planeta. Quando a música terminou, olhei para Alison e disse: "Vamos para casa."

Estávamos totalmente envolvidos e, de repente, não estávamos mais. Então, saímos do show antes do final e estávamos na cama às dez e meia da noite. Dormimos bem e estávamos prontos para nossos filhos na manhã seguinte.

Mais um exemplo: minha família mora no exterior todo inverno.

Sempre é uma aventura. Eu quero estar presente. Isso significa não sentir que preciso capturar cada instante com meu celular. Contratamos um fotógrafo local por uma tarde em cada local. Vinte fotos incríveis são melhores do que milhares de fotos ruins.

Baleias e sardinhas.

O último capítulo trata de aumentar seu valor percebido, ter menos clientes, cobrar muito e usar seu tempo e dinheiro extras para ajudar mais pessoas.

Porém, a filosofia vai mais fundo do que isso.

Também trata da decisão binária que a maioria das pessoas, inclusive eu, não toma com a frequência necessária: aparecer ou não aparecer. Ambas são válidas. O meio-termo não é.

Fotos sensuais

Bill é um ex-fuzileiro naval que se tornou fotógrafo de retratos íntimos e tem cabelo longo e ruivo.

Sidney trabalha na recepção de um hotel, ganhando 17 dólares por hora, tem três filhos e mantém o cabelo preso em um rabo de cavalo permanente.

Sidney agendou uma sessão de fotos de 350 dólares com Bill. Após a sessão, ela comprou diversos aprimoramentos, incluindo:

- Um álbum com dez fotos por 699 dólares.
- Uma reprodução em preto e branco por 599 dólares.
- Uma taxa de armazenamento de 300 dólares, para o caso de ela querer comprar mais fotos depois.

No total, ela pagou quase 2 mil dólares por algumas fotos sensuais. O que parece uma compra insana para alguém que mal consegue pagar o aluguel.

Eis a avaliação que Sidney fez sobre o serviço de Bill:

Eu passei a me ver de maneira completamente diferente. Assim como todas vocês, sou muito crítica em relação a meu corpo, mesmo depois de ter perdido quase 10 quilos no ano passado. Não é perfeito, mas nenhum é...

Acho que minhas primeiras palavras foram: "Não sou eu." Eu consegui me ver sob uma luz completamente nova. Percebi que sou bonita, e qualquer homem teria sorte em estar comigo.

Eu me senti empoderada e pronta para conquistar o mundo. Eu voltei a me amar!

A última linha resume tudo. *Uau!*

Bill fez isso. Ele fez Sidney se sentir assim. Ele ajudou Sidney a descobrir quem ela realmente era.

As sessões de foto de Bill incluem cabelo e maquiagem. Você pode trazer as amigas. Há espumante com suco de laranja, morangos com cobertura de chocolate e música inspiradora. A mulher de Bill anima você. E Bill – que, vale lembrar, é um ex-fuzileiro naval com cabelo longo e ruivo – deixa você à vontade, demonstrando os movimentos ele mesmo. Imagine isso. Ou não. Sim, eu acabei de imaginar e sugiro que você não imagine. Vamos seguir em frente.

Você não está vendendo seu produto, mas vendendo o que alguém vai se tornar como resultado de seu produto. Quanto mais lucro você tiver, mais recursos terá para cumprir sua promessa.

—

Há uma parábola sobre um chaveiro experiente.

Ele se dirigia a uma casa com uma fechadura emperrada. Em dois minutos, ele removia a fechadura e instalava uma nova. Os clientes ficavam satisfeitos até verem a conta.

"Duzentos e cinquenta dólares? Pelo quê? Você levou só alguns minutos. Fez tudo muito rápido. Como eu sei que a nova é segura?", diziam os clientes.

Por um lado, o cliente tem razão. O serviço foi feito rapidamente.

Por outro lado, o chaveiro se capacitou durante décadas para dominar seu ofício. Você não está pagando pelo tempo dele, está pagando pelos anos de experiência e expertise dele.

A maioria das pessoas que compartilha essa parábola para por aí, como uma celebração da expertise ou para expressar frustração acerca da falta de reconhecimento da expertise. Mas não para por aí, não é? Porque o que as pessoas *deveriam* valorizar não é o que elas realmente valorizam.

Reclamar a respeito de um problema, mesmo que o problema seja injusto e inadequado, não resolve o problema e, portanto, é um desperdício de energia. O que o chaveiro precisa fazer é fingir que está tendo dificuldades com a fechadura por 29 minutos e 30 segundos antes de removê-la. Ele poderia suar, pedir um copo de água e quebrar uma ferramenta ou duas. As pessoas confiariam mais em seu trabalho, e ele poderia cobrar o dobro sem problema. *Ainda bem que chamei um verdadeiro especialista. Com certeza, estava bem emperrada*, pensaria o dono da casa.

Em 2016, a Australian Competition and Consumer Commission (ACCC) multou a Reckitt Benckiser em 6 milhões de dólares por informações enganosas sobre o Nurofen, um medicamento para alívio de dores.[2]

O Nurofen era vendido sob a forma de diversos comprimidos específicos para diferentes tipos de dor, como dor nas costas, cólica menstrual e enxaqueca. O argumento da acusação era que o princípio ativo, 342 mg de ibuprofeno, era idêntico.

"Embora eu tenha certeza de que os dados químicos apresentados pela ACCC estavam corretos, a psicologia da agência governamental parecia estar errada", escreveu Rory Sutherland em seu livro *Alchemy [Alquimia]*. "Apresentar um medicamento como cura para um problema bem definido, como foi feito em relação ao Nurofen, também aumenta o poder de placebo [...] tudo o que a empresa estava fazendo contribuía para a eficácia do produto."

Chame isso como quiser – fraude, persuasão, placebo –, mas, às vezes, um pouco de conversa fiada inofensiva é boa para todo mundo.

———

Lutadores sem dinheiro

O principal insight de Frank Benedetto foi que os lutadores estão sem dinheiro, mas o fãs de lutas não estão.

Em vez de depender de seus lutadores para pagar as contas, Frank começou a vê-los como uma despesa de marketing. Em troca de trabalhar com eles de graça, ou quase de graça, seus atletas compartilhariam vídeos de seus treinos nas redes sociais e divulgariam Frank como o treinador deles.

Os homens alfa gostam muito de luta. Esses mesmos homens alfa costumam ocupar cargos corporativos bem remunerados.

Frank desenvolveu um serviço de coaching de preço elevado chamado Train Like a Fighter [Treine como um lutador]. Ele o vendeu para homens ricos que querem se gabar para seus amigos de que treinam com o mesmo cara que veem na TV por assinatura dando socos, chutes e abraços (ou melhor, mata-leões) em outras pessoas.

Venda para as baleias, atenda as sardinhas, e use as sardinhas para atrair mais baleias.

Sempre que falo sobre baleias e sardinhas, enfrento resistência de pessoas que querem desenvolver um produto ou serviço acessível. Elas querem ajudar, mas estão fazendo isso de maneira errada.

Um exercício mental:

Vamos supor que você queira doar escovas de dente para ajudar a melhorar a higiene dental nos países em desenvolvimento. A abordagem correta não é criar uma empresa de escovas de dente que venda para sociedades de baixa renda. A abordagem correta é ganhar muito dinheiro, comprar muitas escovas de dente e doá-las.

Você não precisa ganhar muito dinheiro com as pessoas que quer ajudar. Você precisa ganhar muito dinheiro antes e depois ajudar.

Em um ano e meio, Frank expandiu seu negócio de baleias e sardinhas para algo superior a 3 milhões de dólares por ano e transferiu sua família de Nova Jersey para a Flórida.

———

A falácia da renda passiva

Em 1952, a General Mills achou que sua mistura para bolo Betty Crocker seria um sucesso instantâneo. Tudo o que você precisava fazer era adicionar água, mexer e assar.

As vendas não decolaram. A empresa não conseguia entender o motivo.

A General Mills contratou dois psicólogos que relataram que a dona de casa padrão americana se sentia culpada porque a mistura para bolo era muito fácil de usar. Eles sugeriram mudar a receita. Faça com que as donas de casa tenham que "adicionar um ovo".

Contra todo o senso comum de marketing, a General Mills revisou o produto conforme sugerido, tornando-o menos conveniente, segundo um artigo da revista *Psychology Today*.[3] Adicionar ovos frescos, escreveu Susan Marks, a autora de *Finding Betty Crocker*, "dava às mulheres a sensação de contribuição criativa". O consultor de gestão Robert Fritz acrescentou posteriormente: "Para muitas pessoas, se o sucesso chega fácil demais, elas não conseguem lidar com ele."[4]

Na semana passada, eu me deparei com um tuíte tentador que dizia: "Acabei de acordar com mais renda passiva!" Também incluía uma captura de tela de várias vendas noturnas de um e-book de 27 dólares. O cara está vivendo um sonho, não é?

Não tenho certeza.

Você teria que vender 1.851 e-books a 27 dólares cada para ganhar perto de 50 mil dólares este ano (sem contar impostos e taxas). Bastariam apenas vinte e um clientes pagando 200 dólares por mês para ganhar os mesmos 50 mil dólares.

O que você acha que é mais fácil de encontrar? Vinte e uma baleias ou 1.851 sardinhas?

Todd Herman, autor de *The Alter Ego Effect*, assim como eu, possui um negócio de coaching e uma empresa de software como serviço (SaaS, na sigla em inglês). Ele publicou o seguinte no Facebook:

Fundador de um SaaS:
– Trabalha de oito a doze horas por dia
– Ganha de mil a 5 mil dólares por mês

Coach
– Trabalha o mesmo ou menos
– Ganha de 5 mil a 100 mil dólares por mês

Mesmo assim, as pessoas chamam a receita de um SaaS de "passiva".
E o modelo de coaching de não expansível.

Da maneira como costuma ser apresentada na internet, a renda passiva é uma falácia.

Frequentemente, negócios muito lucrativos e com bom fluxo de caixa são malvistos. No momento em que as pessoas têm sucesso em um negócio, muitas vezes mudam para um modelo mais arriscado, no qual são forçadas a trabalhar mais horas por menos dinheiro.

Um exemplo de negócio que gera muito dinheiro é o coaching. Se bem executado, as margens são altas, e as despesas, baixas. É maravilhoso. Mas também é um negócio ativo.

Com muita frequência, os coaches bem-sucedidos ficam tentados por oportunidades que prometem fontes de receitas adicionais, como plataformas de adesão de baixo custo, e-books ou aplicativos. O raciocínio é que os negócios ativos nunca vão enriquecê-lo. Isso não é verdade. O que realmente acontece é uma combinação de tédio com a rotina diária e um vício em notificações frequentes de vendas pequenas e, muitas vezes, insignificantes quantias de dinheiro.

Eu tenho um consultor de investimento. Ele comprou ações da Mastercard, McDonald's e Nvidia, entre outras, em meu nome. Na mesma noite, enquanto o cara no Twitter (agora X) estava vendendo e-books de 27 dólares, as pessoas estavam usando cartões de crédito, comprando fast-food e adquirindo microprocessadores.

Intuitivamente, eu sei que meu dinheiro está trabalhando para mim durante a noite. Sempre que confiro minhas contas de investimento, é fácil ver os números subirem muito mais do que 27 dólares de cada vez. Porém, eu não verifico diariamente. E não recebo notificações. E não há nada que eu precise fazer. O que é, simultaneamente, a questão e o problema. Como assar um bolo Betty Crocker, a verdadeira renda passiva é tão fácil que parece uma trapaça, e, por isso, as pessoas tendem a ser vítimas da falácia da renda passiva, muitas vezes trocando um bom modelo de negócios por um ruim.

Em muitos casos, sim, devemos trocar nosso tempo por dinheiro. Porém, nosso tempo deve valer muito. Se encontramos um trabalho que é significativo e gratificante para nós, devemos fazer esse trabalho.

—

Dinheiro para a vida toda

No Natal passado, ganhei 4 dólares em meu bilhete de loteria Cash for Life [Dinheiro para a vida toda]. Após um período prolongado de regozijo, eu me perguntei: *O que realmente significa "dinheiro para a vida toda"?*

Constato que há duas opções:

1. Mil dólares por semana pelo resto de sua vida (dinheiro para a vida toda)
2. Pagamento à vista de 1,3 milhão de dólares (pagamento adiantado)

Qual opção você deveria escolher?

Tenho 37 anos. Vamos supor que eu viva mais cinquenta anos.

Se eu escolhesse dinheiro para a vida toda, receberia 2.600 pagamentos de mil dólares, totalizando 2,6 milhões de dólares, ou seja, o dobro do pagamento à vista.

E se eu escolhesse o pagamento adiantado?

Investir 1,3 milhão de dólares a uma taxa de juros de 5% ao ano se tornaria 14,9 milhões de dólares em cinquenta anos, ou seja, 5,7 vezes mais do que o dinheiro para a vida toda.

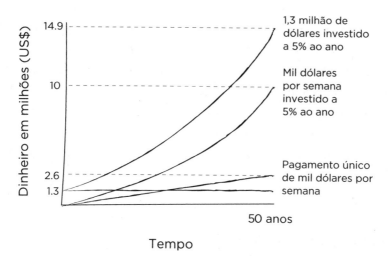

Optar por menos dinheiro hoje, mas recebê-lo adiantado e investi-lo sensatamente costuma ser uma estratégia melhor a longo prazo, com menos risco e maior potencial de ganho, do que receber quantias menores continuamente, mesmo que o total de quantias menores seja maior do que o dinheiro adiantado.

É bem verdade que tomei certas liberdades com esses números.

A maioria das startups fracassa, e a maioria dos influenciadores não é bem-sucedida. Mas alguns ganham muito. Se você jogar esses jogos, existe a possibilidade de você ter um grande retorno financeiro e acabar com mais dinheiro.

Juros compostos de 5% ao longo dos anos também não é algo garantido. Eles podem variar. Existe o fator sorte. A taxa de retorno do mercado quando começamos a investir impacta os retornos ao longo da vida de forma mensurável.

No entanto, tudo isso é o ponto-chave. O futuro é incerto. Escolher um modelo de negócios que gere dinheiro hoje não é necessariamente a melhor maneira de otimizar a riqueza, mas é o caminho com as chances mais confiáveis de alcançar o sucesso "bom o suficiente".

Em certo momento, mais dinheiro resulta em retornos decrescentes. Se você já tem trinta e sete pratos de massa, um trigésimo oitavo não vai fazer diferença.

Mas talvez você tenha aspirações de ficar absurdamente rico. Isso é legal. Não é para mim, mas nem todo mundo é como eu. Existem vários jogos para serem jogados, e cada um deles possui regras, riscos, horizontes temporais e *trade-offs*. Desde que você se sinta confortável com as regras do jogo que decidiu jogar, eu estou do seu lado. Ninguém está errado.

—

Simples, mas não fácil

Resolva primeiro o que está a seu alcance, jogue seu próprio jogo, permaneça ignorante, mas otimista, e fique famoso na família.

Pare de buscar incessantemente o "melhor" caminho. Em vez disso, encontre seu "bom o suficiente", adestre o macaco primeiro e faça o que precisa ser feito.

Na próxima vez em que você ouvir uma história inspiradora sobre alguém que superou todos os obstáculos, lembre-se de que as melhores vidas tendem a resultar nas piores histórias. Não deveria ser difícil e não deveríamos nos surpreender quando dá certo. Não há passos dados segundo uma fórmula para o sucesso. Estamos todos inventando conforme avançamos. Você também pode.

É bem verdade que tudo isso é difícil.

Tornar-se a Escolha Óbvia é simples, mas não é fácil.

Nossos cérebros evoluíram para colher nozes em uma floresta, e não para processar uma avalanche de informações 24 horas por dia, 7 dias por semana. É impossível acompanhar o ritmo.

O mundo moderno está determinado a nos convencer de que existe um caminho melhor. E talvez exista. Porém, diante disso, eu pergunto: "Se meu caminho é bom o suficiente, um caminho melhor realmente importa?"

Tipo, o que estamos fazendo aqui? E por quê? Para viver uma vida melhor, certo? Para estar mais presentes para as pessoas que são importantes para nós. Para realizar um bom trabalho, mas não viver para trabalhar. Para ir para a cama cansados, mas não exaustos. Prontos para dormir, mas animados para acordar e fazer tudo de novo.

—

São cinco da manhã. Estou trabalhando no saguão vazio de um hotel na República Dominicana.

Um homem passou cambaleando. Vodca, talvez rum. Ele olhou para mim e disse: "Isso é triste, cara. Você está de férias." Naquele momento, tudo em que consegui pensar foi que nunca mais queria viver uma vida na qual eu precisasse sair de férias para *escapar* dela.

"¿Dónde puedo conseguir un café con azúcar por favor?"

Perguntei ao funcionário da recepção, em meu espanhol rudimentar, onde eu poderia conseguir um café. Ele me respondeu que ainda era muito cedo, e eu teria que esperar trinta minutos.

Eu me propus a compartilhar algumas lições sobre sucesso que me ajudaram a encontrar o caminho depois de ter me desviado da rota. Lições que me levaram de um estado de desorientação e falta de propósito para um estado de tanto entusiasmo com o trabalho que cheguei cedo demais para o café. Lições que espero que também ajudem você.

Há mais coisas que eu poderia compartilhar. No futuro, talvez eu compartilhe. Mas isso é o suficiente por agora.

A ESCOLHA ÓBVIA

É hora de você encontrar seu bom o suficiente, fechar o livro e colocá-lo em prática. Aonde quer que você vá, e o que quer que faça, lembre-se de que a Escolha Óbvia, afinal, é você.

EPÍLOGO

Como estruturo meu próprio negócio óbvio

Steve Wozniak, fundador da Apple junto com Steve Jobs, antes de deixar a empresa, abrindo mão de bilhões de dólares, disse: "A sociedade diz para você que o sucesso envolve alcançar a posição mais poderosa possível."

Em seguida, ele acrescentou: "Mas eu me perguntei: isso é o que realmente me deixaria mais feliz?"

Eu gosto muito dessa citação porque destaca a diferença entre o que nos dizem que devemos querer (dinheiro/poder) e o que muitos de nós realmente desejamos (família/saúde/felicidade/realização/propósito).

—

Um amigo chamado David, que escreveu um livro sobre levantamento de peso, certa vez foi indagado sobre qual era o melhor levantamento terra. "Não existe o melhor", ele respondeu. "Coisas diferentes são diferentes."

Fisicamente, as pessoas são diferentes. Financeiramente, as pessoas também são diferentes. Não existe uma maneira "melhor" de fazer negócios. Suas necessidades, vontades e anseios são diferentes dos meus. Nem melhores nem piores; apenas diferentes.

Algumas pessoas querem ser donas de uma empresa, ou de várias empresas, e entendem que isso envolve contabilidade, administração, atendimento ao cliente e diversos outros aborrecimentos, mas, em troca disso, existe o potencial para maiores recompensas financeiras e relacionadas à reputação.

Outras pessoas preferem trabalhar das nove da manhã às quatro da tarde, e não pensar no trabalho até o dia seguinte. Nenhuma dessas pessoas está errada.

Se alguém tem horizontes temporais, aspirações, circunstâncias familiares e disposição para trabalhar mais – ou não trabalhar mais – diferentes dos seus, boas informações para elas podem ser péssimos conselhos para você.

É importante que você descubra o que realmente é importante para você. Só assim poderá lidar com a confusão a seu redor.

Aqui está o que é importante para mim.

——

Toronto, Canadá (1985–2003)

Eu tive uma boa criação como caçula de quatro filhos de pais amorosos.

Meu pai trabalhava duro como gerente de uma empresa de logística. De manhã, nós não o víamos, porque ele ia para a academia antes de seguir para o trabalho.

A forma física não parece ser importante até que, um dia, torna-se óbvia. Ao 78 anos, ele brinca com meus filhos no chão, enquanto muitos de seus amigos precisam de ajuda.

Ainda assim, eu sentia falta dele no café da manhã.

A liberdade – para poder fazer o que eu quero, com quem eu quero, quando eu quero –, e não o dinheiro, sempre foi meu objetivo final. O dinheiro contribui para a liberdade, mas não é o único elemento. E, a certa altura, a vontade de ganhar mais dinheiro pode comprometer a liberdade.

Meu objetivo é tomar café da manhã e jantar com minha família, e me exercitar todos os dias. Tudo bem se isso significa ganhar menos dinheiro ou que outras pessoas aumentem sua lista de e-mails mais rápido do que eu. Elas fizeram a escolha de trabalhar mais duro e por mais horas do que eu. Não vejo problema nenhum nisso.

Dito isso, eu luto contra a inveja e o ciúme.

Eu sei que algumas pessoas olham para mim e invejam o que construí. Da mesma forma, eu olho para outras pessoas e as invejo.

O que aprendi é que não faz mal admirar o que os outros têm sem desejar o caminho que eles precisaram trilhar para conseguir isso. Definir minha verdadeira ambição – o que *realmente* importa para mim; algo que vai além dos dólares – me ajuda a evitar a imprudência que costuma se manifestar com as comparações.

No entanto, estou longe de ser perfeito. Quando recaio nessas emoções desagradáveis, reflito sobre o tempo em que vivi em um santuário hippie em uma ilha remota na Tailândia, e me lembro de que, de certa forma, gosto de ter a liberdade de viver em lugares estranhos, como santuários hippies em ilhas remotas da Tailândia.

———

Koh Phangan, Tailândia (2014)

Vivíamos em uma caverna. A internet quase não funcionava.

Nosso quarto não tinha porta, mas tinha muitos insetos, morcegos e sapos. Por meses, Alison e eu dormimos em um único colchonete de solteiro no calor escaldante. Ambos pegamos um fungo que levou anos para ser eliminado.

Naquela época, o mundo do marketing digital estava seguindo a tendência de mídias de áudio e vídeo. Mas lá estava eu, em uma caverna, em uma ilha paradisíaca, com o amor da minha vida, sofrendo com uma conexão de internet que mal conseguia carregar uma página da web, quanto mais fazer ó upload de um vídeo no YouTube.

"Inventar o significado da própria vida não é fácil, mas ainda é permitido, e acho que você se sentirá mais feliz pelo esforço", disse Bill Watterson, criador das tirinhas cômicas de fama mundial *Calvin e Hobbes*.[1]

Aquela caverna foi o lugar onde decidi qual jogo eu queria jogar. Em 2014, foi lá que decidi que minha plataforma seria baseada em escrita, e não em áudio ou vídeo, porque precisaria de menos tráfego de dados.

Na mesma palestra, Watterson acrescentou depois:

Todos nós temos desejos e necessidades diferentes, mas se não descobrirmos o que queremos de nós mesmos e o que defendemos, viveremos passivamente e insatisfeitos.

Definimos a nós mesmos por nossas ações. A cada decisão, expomos quem somos a nós mesmos e ao mundo. Pense no que você quer desta vida, e reconheça que existem muitos tipos de sucesso.

Watterson só concedeu algumas poucas aparições em público e se recusou a licenciar seus personagens. Uma decisão que lhe custou milhões em royalties.

Então, no auge da popularidade da *Calvin e Hobbes*, em 31 de dezembro de 1995, na última tirinha, Calvin disse: "É um mundo mágico, Hobbes, velho amigo. [...] Vamos explorar." Então, Calvin e Hobbes desceram de trenó uma colina coberta de neve, um mundo de possibilidades à frente, do qual nunca mais se ouviria falar.

Watterson conhecia o jogo, entendia as regras e nunca se perdeu pelo caminho. Então, certo dia, ele decidiu que o trabalho tinha terminado. Que ele já tinha dito o que queria dizer. Que, embora

COMO ESTRUTURO MEU PRÓPRIO NEGÓCIO ÓBVIO

houvesse mais dinheiro a ser ganho, ele já tinha o suficiente e era hora de seguir em frente. Que maravilha.

Anos depois, em 7 de maio de 2017, Alison deu à luz nosso primeiro filho: Calvin Goodman.

Voltar no tempo, partindo da vida que eu queria, para tornar meu sonho realidade tem sido difícil, mas me sinto mais feliz pelo esforço.

———

Como esperado, o mundo se moveu em direção ao áudio e vídeo. Eu percebi a tendência logo no começo e poderia ter me adiantado. Se tivesse, minha plataforma, comunidade, marca (e renda) provavelmente seriam muito maiores do que são agora.

Mas, nos dez anos seguintes, Alison e eu viajamos durante mais de 1,6 mil dias, vivendo em todos os lugares, como Havaí, México, Uruguai, Montenegro, Nicarágua, Grécia, República Dominicana, Costa Rica, entre outros. Onde minha decisão careceu de possível ganho financeiro, compensou muitas vezes em benefício experiencial.

Em seguida, eu precisava definir o que "suficiente" significava para mim. Um sacerdote hindu, em traje de banho, ajudou-me a descobrir.

———

Nosara, Costa Rica (2015)

Em 2015, os negócios estavam indo bem, mas eu trabalhava durante muitas horas. Estávamos morando na Costa Rica, assim como Dandapani, um sacerdote hindu que agora presta consultorias para empreendedores. Ele se tornou amigo nosso.

Nós nos conhecemos ao pôr do sol em Playa Guiones. Ele estava na água, até a altura dos joelhos. Curiosa, minha esposa, Alison, perguntou:

— Onde você está morando?

— Estou aqui — respondeu Dandapani.

Foi assim que nossa conversa começou. Esse é o tipo de pessoa que Dandapani é.

Então, fiz a pergunta que eu estava tendo dificuldade para responder:

— Existe algo como ter dinheiro demais? Como eu sei que já ganhei o suficiente?

Eu havia pesquisado essa pergunta diversas vezes no Google, e a resposta nunca me satisfez. O conselho sempre incluía alguma variação de calcular suas despesas anuais, presumindo uma taxa de juros média, e acumular uma quantia suficiente em poupanças para que os juros gerados cobrissem seus custos de vida.

"Suficiente" não é um cálculo. Os seres humanos são complicados demais para isso.

— Se algum dia você sentir que está sendo forçado a fazer algo que, no fundo do coração, sabe que não está certo, isso é demais — disse Dandapani. — Desde que você esteja fazendo o que, no fundo do coração, sabe que é bom, e não esteja tentando agir de forma errada, ganhe o máximo de dinheiro possível, mas reconheça o limite e tenha cuidado para não o ultrapassar.

Dandapani me ensinou que "suficiente" não é um número, mas uma ideia.

Ele me disse que, se eu não tivesse cuidado, querer mais poderia me deixar encurralado. Querer mais força as pessoas a agirem de maneira não alinhada energeticamente com o que sabem que é o certo, incitando-as a ignorar as pessoas que amam, a mentir, a enganar e até, às vezes, a roubar.

Um exemplo: muitos de meus amigos expandiram seus negócios mais rápido do que eu, e ganharam mais dinheiro ao aceitar investidores e vender participação. Com o tempo, no entanto, vi suas empresas e vidas se tornarem complicadas de maneiras que eu não teria desejado para mim, pois foram forçados a agradar diversas partes interessadas. Eu nunca aceitei investimento externo e sou proprietário de 100% de minhas empresas. É uma má decisão para crescer, mas uma boa decisão para mim.

—

Eu poderia contar outras histórias que ajudaram a moldar a maneira como penso sobre essas coisas, mas essas foram algumas que ficaram gravadas em minha memória. Espero que agora você tenha uma noção do que me guia. Dado esse contexto, aqui está como eu ganho meu dinheiro.

—

Como eu ganho meu dinheiro

Eu vendo para as baleias a fim de atender as sardinhas por meio de quatro fontes de receita:

1. Venda de livros
2. Coaching para novos treinadores online
3. Mentoria de alto nível para treinadores online experientes
4. B2B SaaS (QuickCoach.Fit)

Os livros estão na faixa inferior. Eles não são gratuitos, mas eu gosto deles porque não há expectativa de prestação de serviço.

Geralmente, os livros são geradores de clientes em potencial e amplificadores de clientes em potencial. As pessoas os encontram organicamente ou me encontram nas redes sociais, e não estão prontas para participar de um grupo de coaching que eu ofereço. Então, em vez disso, compram um livro.

Embora meus livros gerem dinheiro, o negócio estaria bem sem eles. Eu escrevo livros porque não consigo deixar de escrevê-los.

Trata-se de um hábito masoquista que não consigo entender. Este é o décimo segundo livro.

—

Depois, sou proprietário de dois grupos de coaching. Ambos são voltados para fitness coaches online. Eles geram um lucro de alguns milhões de dólares a cada ano.

Eu poderia ajudar pessoas de outros setores, mas decidi permanecer com a família para a qual trabalhei duro para me tornar conhecido. Por um lado, essa decisão limita meu potencial de crescimento. Por outro, levou a um modelo mais fácil, simples e lucrativo.

Alguns disseram que me falta ambição. E talvez seja verdade. Porém, eu joguei o jogo das noites sem dormir, preocupado com a folha de pagamento. De comer queijo e biscoitos a minha mesa. De faltar aos treinos. E me sinto triste em admitir que, por anos, eu estava lá, mas não presente com minha família, ocupado com coisas "importantes" do negócio que já esqueci há muito tempo. Talvez outros tenham descoberto como ter tudo: ser ambicioso, ser obcecado com o crescimento, manter-se em boa forma física, ser o tipo de marido, pai e amigo que está sempre lá, ou seja, presente, vigoroso e brincalhão. É possível que eu simplesmente não seja tão bom quanto os outros. Se for esse o caso, paciência. Dois de três não é tão ruim.

Ao ter sucesso nos negócios, a sociedade procura convencer você a expandir para outras áreas, e não se aprofundar, como parte de uma busca incessante para ganhar mais dinheiro. Mas por quê? E com qual propósito?

Se você é um empreendedor, pare de incorporar complexidade à vida que você não quer, com o tempo que você não tem, para recompensas que você não precisa.

Meu primeiro grupo de coaching é o Online Trainer Academy, e ele é apresentado como uma maneira de conseguir seus primeiros

COMO ESTRUTURO MEU PRÓPRIO NEGÓCIO ÓBVIO

clientes no fitness online. Nele, ajudamos você a desenvolver a estrutura empresarial, a programação e os pacotes, assim como ganhar seus primeiros mil dólares online. Mas, sobretudo, ajudamos você a parar de pensar demais, sair da própria cabeça e agir de forma decisiva.

O segundo grupo se chama Online Trainer Mentorship (OTM). Ele é direcionado para coaches que já estão ganhando pelo menos mil dólares online.

O OTM ajuda o 0,01% da elite dos coaches a expandir seu negócio. O que descobrimos é que a maioria deles chegou a esse nível tornando-se clínicos especialistas e improvisando na parte empresarial. Como resultado, eles ficam sobrecarregados e sem foco. Nós fornecemos a eles os sistemas e a responsabilidade para poderem cobrar mais, melhorar o atendimento aos clientes e definir prioridades.

Ambos os grupos de coaching possuem um operador central – um empreendedor interno – que os gerencia como se fosse seu próprio negócio, sob o guarda-chuva de minha empresa. Eu criei os sistemas, mas ambos os grupos operam sem minha supervisão. Há quinze coaches e vendedores trabalhando nos dois grupos.

A remuneração para quase todos se baseia em comissão ou participação no lucro. Eu percebi que estruturas de incentivo alinhadas funcionam melhor para manter a motivação e reduzir meu estresse. Não temos praticamente nenhum custo indireto que não esteja atrelado à receita.

Não existe o desejo de expandir ainda mais os grupos. Para mim, por enquanto, isso basta.

O OTA e o OTM funcionam com uma margem de lucro de 65%. O dinheiro que geram é usado para criar conteúdo para pessoas que ainda não podem pagar para trabalhar conosco, e também geram riqueza para minha família por meio de investimentos de longo prazo no mercado de ações, Bitcoin e imóveis (na proporção de 75%, 15% e 10%).

Eu também fundei uma plataforma de software chamada Quick-Coach.Fit (QC). Trata-se de um aplicativo para profissionais de fitness e nutrição usarem para elaborar e fornecer programas profissionais a seus clientes. A plataforma tem um duplo propósito: gerar clientes em potencial para meus negócios de coaching e ser um negócio rentável por si só.

O reinvestimento do dinheiro dos negócios de coaching na QC é um risco. Embora eu não tenha pressa, a plataforma está estruturada para ser vendida se e quando o momento certo chegar. Esse é o jogo que estou jogando. Eu conhecia as regras desde o início. O tempo dirá se o risco vai valer a pena.

É basicamente isto: livros, dois negócios de coaching, uma plataforma SaaS, investimentos convencionais (administrados por um consultor), Bitcoin (armazenamento frio de longo prazo) e imóveis (administrados por um parceiro de *joint venture*).

Minha estrutura é simples e otimizada em troca de liberdade e lucro, e não para crescimento.

No passado, estive mais interessado em correr atrás. Nesta fase de minha vida, com dois filhos pequenos, não tenho vontade de avançar com mais rapidez. O que estou fazendo é suficiente. Após tudo o que aconteceu, sinto-me feliz em dizer que as coisas finalmente estão progredindo em um ritmo adequado.

E, com isso, chegou o momento de me despedir.

Há algum tempo, meu pai e eu reservamos uma viagem de comemoração para a cidade de Oaxaca no dia seguinte à entrega deste manuscrito. Vamos partir amanhã, e eu ainda preciso fazer as malas.

É hora de começar a exploração!

Jonathan Goodman
Sayulita, México, 2024

Agradecimentos

Eu não conheço ninguém que acorda às cinco da manhã para escrever ou se exercitar que não seja bem-sucedido. Mas, ainda assim, é difícil. E exige uma autodisciplina que não tenho.

Escrever é uma atividade solitária. Desistir e dormir é uma tentação constante.

Talvez tenha sido minha carreira anterior como personal trainer que me ensinou o valor da responsabilidade externa: alguém esperando que você apareça e se dedique ao trabalho diário, esforçando-se para se tornar uma pessoa melhor e comemorando suas conquistas ao longo do caminho.

Trabalhei por conta própria durante toda a minha carreira. Se algo é feito, é porque fui eu que fiz. E se não é feito, é porque eu não fiz. Porém, sou humano. Grande parte do tempo, eu não sinto vontade de fazer aquilo que eu quero fazer de verdade. É estranho. De qualquer forma, sem a responsabilidade externa incorporada, tenho que criar isso para mim mesmo.

Cada palavra deste livro foi elaborada ao vivo em meu podcast, também intitulado *A Escolha Óbvia*. Aparecer semanalmente para apresentar o que eu tinha escrito me forçou a seguir em frente. Até decidimos o título do livro em um episódio e renomeamos o programa logo depois para coincidir. (Originalmente, o podcast se chamava *O Show do Goodman...* Porque sou criativo desse jeito.)

Meu primeiro grande agradecimento vai para Ren Jones e Amber Reynolds, meus colegas apresentadores no podcast. Este livro é tanto meu quanto de vocês.

A ESCOLHA ÓBVIA

Por mais de cem horas, ao vivo no programa, vocês ouviram e me deram feedback sobre cada palavra destas páginas. Vocês me fizeram manter a concentração, discutiram temas, acrescentaram histórias e me deram o incentivo silencioso que eu precisava para seguir adiante. Obrigado. Do fundo de meu coração, obrigado.

Escrevi e editei *A Escolha Óbvia* durante dois anos, em três países e cerca de cem cafeterias. Uma menção especial à filial Brentwood da Toronto Public Library, ao Mugre Animal, ao La Puesta e, naturalmente, ao Tim Hortons, por me fornecer bastante café horrível, que todos nós, canadenses, de alguma forma, estamos geneticamente predispostos a desfrutar.

À equipe médica do Hospital Sunnybrook que tratou de Alison (estou olhando para você, doutor E.), obrigado.

Este é meu décimo segundo livro, mas o primeiro publicado de forma convencional. A autopublicação costumava ser motivo de orgulho, e talvez seja bom que eu tenha produzido meus próprios livros durante uma década para valorizar mais a qualidade desenvolvida por uma equipe de alto nível.

Para Jaidree Braddix, minha fantástica agente: eu não sei por que você apareceu naquela conferência em Dallas ou por que decidiu me parar no corredor, mas estou realmente feliz que você tenha feito isso. Você é incrível: a parceira de que eu não sabia que precisava e agora não consigo imaginar como seria trabalhar sem você.

A meu editor, Tim Burgard... Posso ser sincero? Eu tinha receio de trabalhar com você. Não com você especificamente, mas com os editores das grandes editoras em geral. Eu já tinha ouvido histórias assustadoras a respeito deles interferindo nos livros, suprimindo a voz do autor. Porém, meus receios eram infundados. Você não suprimiu minha voz, mas ajudou a aprimorá-la. Obrigado.

Para Matt Baugher e o restante da equipe de edição, vendas e marketing da HarperCollins Leadership: obrigado por acreditarem em mim e me apoiarem. Eu gosto de vocês e sou grato a vocês.

É incrível pensar que minha jornada começou em 2011, em meu apartamento de um quarto, à noite, após um dia inteiro de clientes. A partir dos livros, passando pela Online Trainer Academy, Online

Trainer Mentorship, QuickCoach e todos os projetos fracassados no meio, fomos criando tudo conforme avançávamos. Ninguém nos financiou. Tudo o que fizemos, conquistamos com muito trabalho. Eu não poderia ter feito isso sem a equipe do PTDC. Sem ordem específica, agradeço a Jason Maxwell, Misty Overstreet, Alina Parades, Josué Cidalgaba, Reynaldo Reyna, Benjamin Garrido, Carmelina Karas, Sven Drumev, Dan Parker, Drea Maxwell, Malcolm McNeill, Alex Harriman, Jon Vlahogiannakos, Christa Baker, Kristine Williams, Allan Misner, Jordan Tuimaualuga, Jonathan Parra e todos que nos ajudaram a criar, dizer e construir coisas no passado.

O levantamento de pesos é minha válvula de escape para a saúde mental. Isso ajuda a manter minha sanidade. Se você trabalha com fitness, este próximo agradecimento é para você. A prevenção é a melhor aposta de nossa sociedade para combater a obesidade e as doenças passíveis de prevenção. Porém, pode ser um trabalho ingrato. E um trabalho mal pago. E um trabalho difícil. Mesmo assim, é um trabalho importante. O que você faz é importante. Um agradecimento especial a alguns coaches que contratei e às academias que frequentei: Dan Trink, Bryan Krahn, Louis Guarino, Buddy Hammon, Collective Fit, em Toronto, Nosara Functional Fitness, na Costa Rica, F45 Etobicoke Central, Wellness Gym Cabarete, na República Dominicana, Kilauea CrossFit, no Havaí, Zen Wellness, em Montenegro, e Quilombo, no México.

Ao crescer, todos os adultos que eu conhecia eram advogados, médicos, professores, dentistas ou contadores. Por isso, muitos anos atrás, eu me vi ao telefone com Jayson Gaignard, o fundador da comunidade empresarial Mastermind Talks. Ele me perguntou por que eu estava interessado em fazer parte da comunidade. "Eu preciso muito conhecer pessoas como eu", respondi.

Certo, aí está a grande lista de nomes de colegas incríveis que admiro e que enriqueceram minha vida desde aquele telefonema. De pessoas que me fazem sentir menos sozinho neste mundo insano de empreendedorismo. Obrigado a Michel Falcon, Sara Feldstein, Gillian Mandich, Brad Pilon, Tucker Max, Giovanni Marsico, Tony Gareri, Karan Nijhawan, Simon Bowen, Nic Kusmich, Adam Franklin, Joey

Coleman, Jim Sheils, Elizabeth Marshall, Samantha Skelly, Jayson Gaddis, Derek Halpern, Derek Coburn, Curtis Christopherson, Raj Jana, Matthew Bertulli, Sean Platt, Richie Norton, Alex Ikonn, Floyd Marinescu, Gareth Everard, Laura Beauparlant, Brad Mills, Jeremy O'Krafka, Kristi Herold, Todd Herman, Meghan Walker, UJ Ramdas, Dev Basu, Daniel Demsky, Jesse Cole, Danny Iny, James Tonn, Jason Feifer, Charlie Hoehn, Lou Schuler, Gloria Mark, Shane Snow, Alex Hutchinson, Alex Cattoni, Jason Pak, Lauren Pak, Ben Patrick, Sharad Mohan, Stef Joanne, Alicia Streger, Stephanie Estima, Tracey Ivanyshyn, Sally Hogshead, Jen Gottlieb, Chris Winfield, Corey Wert, Louis Grenier, Sam Parr, Kelsey Heenan, Don Saladino, Mike Doehla, Ben Mudge, Spencer Nadolsky, Greg Nuckols, Adam Bornstein, Kate Solovieva, Alex Charfen, Pat Rigsby, Trevor Newell, Roy Morejon, Craig Clemens, Cory Burch, Ryan Moran, Rudy Mawer, Cyrus Gorjipour, Daniel DiPiazza, Billy Murphy, Dave Ruel, Jordan Axani, Matt Christopherson, Jacquie Chapman, Jason Helmes, John Ruhlin, Kevin Darby, Martin Rooney, Nat Eliason, Shane Parrish, Dan Salcumbe, Lori Kennedy, James Dyson, Jeremy Scott, Ryan Holiday, Ben Pakulski, Mike Matthews, Ed Latimore, Molly Galbraith, Chris Cooper, Luka Hocevar, John Franklin, Gareb Shamus, Jason Crowe, Kiera Carter, Dean Somerset, Dustin Maher, Andrew Coates, Brian Pirrip, Rory Sutherland, Jonah Berger, Alex Cartmill, Bret Contreras, Tony Gentilcore, Ryan Lee, Dan Go, Mike Brcic, Michael Easter, Jordan Harbinger, John Berardi, Steve Kamb e, claro, Dandapani.

Mãe, pai, Lis, Dan e Dave, obrigado. Eu amo todos vocês. Poh Poh, Gung Gung, Trev e Geoff, desde o momento em que Alison me levou para conhecê-los, eu me senti amado e acolhido. Obrigado.

E, finalmente, para meus meninos: Calvin e Jaden. Este livro teria sido concluído um ano antes se não fosse por vocês dois. Eu nunca quis que fosse diferente.

Notas

Capítulo 1

1 Jim Collins, "A Rare Interview with a Reclusive Polymath". *The Tim Ferriss Show* (podcast), episódio 361, fevereiro de 2019. https://www.youtube.com/watch?v=VCN8MQ4NWy8. Transcrição disponível aqui: https://tim.blog/2020/12/04/jim-collins-returns-transcript/.

Capítulo 2

1. The Decision Lab, "Why Do We Prefer Things That We Are Familiar With?" The Decision Lab, sem data. https://thedecisionlab.com/biases/mere-exposure-eff ect#. Em 1968, o psicólogo social americano Robert Zajonc descobriu que os participantes respondiam de maneira mais favorável aos estímulos externos que lhes eram apresentados com maior frequência.

Capítulo 5

1. Jim Cramer, "Exclusive – Jim Cramer Extended Interview Pt 1". *The Daily Show with Jon Stewart*, temporada 14, episódio 36, 12 de março de 2008. https://www.cc.com/video/fttmoj/the-daily-show-with-jon-stewart-exclusive-jim-cramer-extended-interview-pt-1.
2. Cheryl Teh, "China Is Tempting Customers with Its Flawless AI Idols – Virtual Influencers Who Don't Gain Weight, Never Age, and Keep Their Computer-Generated Noses Out of Controversy". Yahoo News, 12 de agosto de 2021. https://ca.news.yahoo.com/china-tempting-customers-flawless-ai-024059361.html.
3. Thuy Ong, "The Pandemic Isn't a Problem When You're Computer Generated". *Bloomberg*, 29 de outubro de 2020. https://www.bloomberg

.com/news/features/2020-10-29/lil-miquela-lol-s-seraphine-virtual-influencers-make-more-real-money-than-ever.

4. Robert Thubron, "Deepfake Joe Rogan Video Promoting Testosterone Pills Spreads on TikTok". Techspot, 14 de fevereiro de 2023. https://www.techspot.com/news/97597-deepfake-joe-rogan-video-promoting-testosterone-pills-spreads.html.

5. Conversa pessoal com Adam Bornstein, diretor de conteúdo de Arnold Schwarzenegger.

6. Denúncia no processo 1:24-cv-01484, protocolado em 24 de fevereiro de 2024: https://storage.courtlistener.com/recap/gov.uscourts.ilnd.455615/gov.uscourts.ilnd.455615.1.0.pdf. Esse processo foi arquivado em 12 de abril de 2024: https://dockets.justia.com/docket/illinois/ilndce/1:2024cv01484/455615.

7. Joseph Schafer, "Editorial Comment: Treasures in Print and Script". *Wisconsin Magazine of History*, volume 10, número 1, setembro de 1926. http://content.wisconsinhistory.org/cdm/ref/collection/wmh/id/5475.

8. John H. Lienhard, "What People Said About Books in 1498". Estudo apresentado na conferência anual da Indiana Library Federation, 7 de abril de 1998. https://engines.egr.uh.edu/talks/what-people-said-about-books-1498.

9. Cristina Mutchler, "A Roundup of Foods High in Magnesium". VeryWell Health, 23 de outubro de 2023. https://www.ted.com/talks/dan_gilbert_the_psychology_of_your_future_self.

10. James Manyika, Susan Lund, Michael Chui, Jacques Bughin, Lola Woetzel, Parul Batra, Ryan Ko e Saurabh Sanghvi, "Jobs Lost, Jobs Gained: What the Future of Work Will Mean for Jobs, Skills, and Wages". McKinsey Global Institute, 28 de novembro de 2017. https://www.mckinsey.com/featured-insights/future-of-work/jobs-lost-jobs-gained-what-the-future-of-work-will-mean-for-jobs-skills-and-wages.

Capítulo 6

1. "Gnomes", *South Park*, temporada 2, episódio 17, 16 de dezembro de 1998. https://www.imdb.com/title/tt0705927/.

2. Jimmy Donaldson (também conhecido como MrBeast), tuíte no X (anteriormente Twitter). https://x.com/mrbeast/status/17684312 67505213672.

3. Michael F. Stumborg, Timothy D. Blasius, Steven J. Full, Christine A. Hughes, "Goodhart's Law: Recognizing and Mitigating the Manipulation

of Measures in Analysis". CNA, 1º de setembro de 2022. https://www.cna.org/reports/2022/09/goodharts-law.

4. *The Obvious Choice Podcast*, episódio 199. https://www.theptdc.com/articles/create-immeasurable-word-of-mouth.

Capítulo 7

1. *The Obvious Choice Podcast*, episódio 123. https://open.spotify.com/episode/2Lbz3alW665hLG4TXm8s4N.

2. Jonathan Goodman. "Artificial Intelligence: Redefining the Role of the Personal Trainer". Google Doc. Última atualização em 28 de dezembro de 2020. https://docs.google.com/document/d/1JgHJnK_aNmk_Lcsyk9LfZZVqX5jOi2J7xd_xY11teYc/edit?usp=sharing.

Capítulo 8

1. Simon Sinek, "Together Is Better". Palestra para a Royal Society for the Arts (vídeo), sem data. https://www.youtube.com/watch?v=AIkfdhGhxDc.

2. Dan Go, tuíte explicando a regra dos 85%. X (anteriormente Twitter), 12 de agosto de 2023. https://x.com/FitFounder/status/1690364931252830208?s=20.

3. Daniel F. Chambliss, "The Mundanity of Excellence: An Ethnographic Report on Stratification and Olympic Swimmers". *Sociological Theory 7*, nº 1 (1989): 70-86. https://doi.org/10.2307/202063.

4. Olivier Poirier-Leroy, "7 Olympic Swimmers on How They Stay Motivated". YourSwimBook, sem data. https://www.yourswimlog.com/how-olympic-swimmers-stay-motivated.

5. Steph Smith, "How to Be Great? Just Be Good. Repeatedly". *Steph Smith Blog*, 12 de junho de 2019. https://blog.stephsmith.io/how-to-be-great/.

6. Paul Saffo, "Never Mistake a Clear View for a Short Distance". Bright Sight Speakers, 2014. https://youtu.be/u8NrFDocBF0.

7. Gottfried Paasche, "General von Hammerstein & Hitler: An Exchange". *New York Review*, 14 de outubro de 2010. https://www.nybooks.com/articles/2010/10/14/general-von-hammerstein-hitler-exchange/.

8. Quoteresearch, "The Person Who Is Clever and Lazy Qualifies for the Highest Leadership Posts". Quote Investigator, 28 de fevereiro de 2014. https://quoteinvestigator.com/2014/02/28/clever-lazy/.

9. Tim Kreider, "The 'Busy' Trap". *New York Times*, 30 de junho de 2012. https://archive.nytimes.com/opinionator.blogs.nytimes.com/2012/06/30/the-busy-trap/.

10. Andrew Huberman, "Tim Ferriss: How to Learn Better & Create Your Best Future". *Huberman Lab* (podcast), junho de 2023. https://open.spotify.com/episode/1YMkvaDkN7N7ZwwMpq9kS5.

11. W. Mischel e E. Ebbesen, "Attention in Delay of Gratification". Semantic Scholar, 1º de outubro de 1970. https://www.semanticscholar.org/paper/Attention-in-delay-of-gratification.-Mischel-Ebbesen/29346b98f0947a822b8744f4792bcf1a297f01d3.

12. Daniel J. Benjamin, David Laibson, Walter Mischel, Philip K. Peake, Yuichi Shoda, Alexandra Steiny Wellsjo e Nicole L. Wilson, "Predicting Mid-Life Capital Formation with Pre-School Delay of Gratification and Life-Course Measures of Self-Regulation". *Journal of Economic Behavior & Organization* 179 (2020): 743-756, ISSN 0167-2681, https://doi.org/10.1016/j.jebo.2019.08.016.

13. Tim Ferriss, "Neil Gaiman". *The Time Ferriss Show* (podcast), episódio 366, 30 de março de 2019. https://tim.blog/2019/03/30/the-tim-ferriss-show-transcripts-neil-gaiman-366/.

14. Vanessa M. Patrick e Henrik Hagtvedt. "'I Don't' Versus 'I Can't': When Empowered Refusal Motivates Goal-Directed Behavior". *Journal of Consumer Research* 39, nº 2 (2012): 371-381. https://doi.org/10.1086/663212.

Capítulo 9

1. Laura Stample, "Why This Company Sent Poop to 30,000 People for Black Friday". *Time*, 15 de dezembro de 2014. https://time.com/3634443/cards-against-humanity-poop-black-friday/.

2. Kickstarter, página do projeto para Sports Bra, https://www.kickstarter.com/projects/thesportsbrapdx/the-sports-bra-a-womens-sports-bar-and-restaurant.

3. Tom Huddleston Jr., "43-Year-Old's Bar for Women's Sports Brought in $1 Million in 8 Months – This 1 Sentence from Her Business Plan Made It Happen". Make It, 18 de outubro de 2023. https://www.cnbc.com/2023/10/18 /the-sports-bra-7-word-motto-launched-lucrative-bar-for-womens-sports.html.

4. David Nordquist, "I Lost 40 Pounds for a Warhammer-Inspired Movie Role" (vídeo). MiniWarGaming, setembro de 2023. https://youtu.be/h-NOve8bWA0?si=50Eidy_woCSvMkRD.

5. Brendan Maldy, "Ken Griffey Jr. Owns Over 100 Copies of His Rookie Card". *Sports Illustrated*, 5 de fevereiro de 2014. https://www.si.com/extra-mustard/2014/02/05/ken-griffey-jr-rookie-card.

NOTAS

6. Livia Albeck-Ripka, "Baseball Card Sold for $12.6 Million, Breaking Record". *New York Times*, 28 de agosto de 2022. https://www.nytimes.com/2022/08/28/us/mickey-mantle-card-auction-baseball.html.

7. Bryan Horling e Matthew Kulick, "Personalized Search for Everyone". *Google Blog*, 4 de dezembro de 2009. https://googleblog.blogspot.com/2009/12/personalized-search-for-everyone.html.

8. Jason Deans, "Google Chief Warns on Social Networking Dangers". *The Guardian*, 18 de agosto de 2010. https://www.theguardian.com/media/2010/aug/18/google-facebook.

9. Eli Pariser, "When the Internet Thinks It Knows You". *New York Times*, 22 de maio de 2011. https://www.nytimes.com/2011/05/23/opinion/23pariser.html.

10. Christina e Jonathan Goodman, "Overcoming Online Stage Fright". Hot Seat Episode 47, *The Obvious Choice* (podcast), abril de 2023. https://www.theptdc.com/articles/overcoming-online-stage-fright.

11. Jonathan Goodman, fundador, Online Trainer Academy (site). *The Fundamentals of Online Training* (manual) está incluído no curso. www.theptdc.com/ota.

12. Existem diversos sites que apresentam os dias comemorativos do ano. Para sua conveniência, veja este: "Days of the Year", https://www.daysoftheyear.com/.

Capítulo 10

1. "Herb Kelleher on the Record, Part 2". *Bloomberg*, 22 de dezembro de 2003. https://www.bloomberg.com/news/articles/2003-12-22/herb-kelleher-on-the-record-part-2.
Herb Kelleher: "Nós vamos contratar alguém com menos experiência, menos escolaridade e menos expertise, em vez de alguém que possui mais dessas coisas, mas tenha uma atitude tóxica. Porque podemos capacitar as pessoas. Podemos ensiná-las a liderar. Podemos ensiná-las a prestar um bom atendimento ao cliente. Mas não podemos mudar o DNA delas."

2. Greg Warman, "Design Thinking in Action: Building a Low-Cost Incubator". *ExperiencePoint* (blog), 16 de fevereiro de 2010. https://blog.experiencepoint.com/2010/02/16/design-thinking-in-action-embrace-global/.

3. Technology Exchange Lab, Embrace Infant Warmer (site de produtos). https://techxlab.org/solutions/embrace-infant-warmer.

4. Embrace, Embrace Portable Incubator (site de produtos). https://www. embraceglobal.org/.
5. Colleen Connolly, "How the Coffee Cup Sleeve Was Invented". *Smithsonian Magazine*, 16 de agosto de 2013. https://www.smithsonianmag.com/arts-culture/how-the-coffee-cup-sleeve-was-invented-119479/.
6. (O mercado farmacêutico vale 630 bilhões de dólares.) Matej Mikulic, "Market Share of Leading 10 National Pharmaceutical Markets Worldwide in 2022". Statista, 21 de dezembro de 2023. https://www. statista.com/statistics/245473/market-share-of-the-leading-10-global-pharmaceutical-markets. (O mercado de vitaminas e suplementos vale 38,9 bilhões de dólares.) Valor ausente no NAICS [North American Industry Classification System], "Vitamin & Supplement Manufacturing in the US – Market Size (2005-2030)". IBISWorld, 26 de fevereiro de 2024. https://www.ibisworld .com/industry-statistics/market-size/ vitamin-supplement-manufacturing-united-states/.
   (O mercado de fitness e saúde vale 30,6 billões de dólares.) Christina Gough, "Revenue of the Fitness, Health and Gym Club Industry in the United States from 2010 to 2022, with a Forecast for 2023". Statista, 12 de dezembro de 2023. https://www.statista.com/statistics/605223/ us-fitness-health-club-market-size-2007-2021/.
7. Citado em Ken Burns, *Cancer: The Emperor of All Maladies* (documentário). Estreou na rede PBS em 30 de março de 2015. https://www.pbs.org/ kenburns/cancer-emperor-of-all-maladies/.
8. Citado em Candice Millard, *The River of Doubt: Theodore Roosevelt's Darkest Journey* (Nova York: Knopf Doubleday Publishing Group), 16 de dezembro de 2009, p. 18.
9. Daniel Ackerman, "Before Face Masks, Americans Went to War against Seat Belts". *Business Insider*, 26 de maio de 2020. https://www. businessinsider.com/when-americans-went-to-war-against-seat-belts-2020-5.
10. Parte dessa história foi contada para mim em uma conversa pessoal. Preenchi as lacunas por meio desta entrevista: Joel Weldon, "Success Comes in Cans Not in Cannots". *I Love Marketing* (com Joe Polish e Dean Jackson, podcast), episódio 170, sem data https://ilovemarketing.com/ joelweldon-success-comes-in-cans-not-in-cannots/.
11. *The Obvious Choice Podcast*, episódio 217. https://www.theptdc.com/ articles/217-help-people-understand-what-you-do.

12. Harley Finkelstein e David Segal, "How Issy Sharp Built the Four Seasons and Transformed the Hospitality Industry Forever (Part 1)". *Big Shot* (podcast), junho de 2023. https://open.spotify.com/episode/6N8Bi hqbTnuQ16OAHND2IU?si=069ceed3babc44b3.
13. *The Obvious Choice Podcast*, episódio 205. https://www.theptdc.com/articles/become-a-master-tribe-builder.
14. Conversa pessoal com Mike Doehla.
15. Kelly Groehler e Grace Rose, "Self Esteem Brands Acquires Digital Nutrition Coaching Brand Stronger U". Business Wire, 8 de junho de 2021. https://www.businesswire.com/news/home/20210608005694/en/Self-Esteem-Brands-Acquires-Digital-Nutrition-Coaching-Brand-Stronger-U.
16. Clifford S. Asness, "Pulling the Goalie: Hockey and Investment Implications". SSN, 8 de março de 2018. https://papers.ssrn.com/sol3/papers.cfm?abstract_id=3132563.
17. Alex Kirshner, "How the Eagles Conned the Patriots on Nick Foles' Trick-Play Touchdown Catch". SBNation, 5 de fevereiro de 2018. https://www.sbnation.com/nfl/2018/2/5/16972668/super-bowl-52-nick-foles-touchdown-catch.
18. Combinação entre o livro de Dandapani e o episódio 193 de *The Obvious Choice Podcast*. https://www.theptdc.com/articles/finding-fulfillment-according-to-a-hindu-priest.
19. Conversa pessoal com Shane Snow.

Capítulo 11
1. Sapphire Studies (site). Matéria em https://www.sapphirestudies.com, contada para mim em uma conversa pessoal.
2. Citado em Robert Greene, *The 48 Laws of Power* (Nova York: Viking Penguin Books, 1998), p. 100. Publicado originalmente na França, em 1688: Jean de La Bruyére, *Les Caractères ou les Moeurs de ce siècle*.
3. Dale Carnegie, *How to Win Friends and Influence People* (Nova York: Pocket Books, 1958), p. 15.
4. Rory Sutherland, "Perspective Is Everything". TED-Ed (palestra), 2014. https://www.youtube.com/watch?v=uXKilrFGd2U.
5. Galata Cafe (site). https://www.galatacafe.ca/.
6. *The Obvious Choice Podcast*, episódio 238. https://www.theptdc.com/articles/investing-in-local-relationships.
7. *The Obvious Choice Podcast*, episódio 211. https://www.theptdc.com/articles/design-charity-events-that-benefit-your-community-business.

8. Jen Gottlieb descreve sua rotina de quinze minutos para construir relacionamentos: https://www.instagram.com/reel/CtjVlRFMySq/.

Capítulo 12

1. Astro Teller, "Tackle the Monkey First". Google X, The Moonshot Factory, 7 de dezembro de 2016. https://blog.x.company/tackle-the-monkey-first-90fd6223e04d.
2. Derek Thompson, "Google X and the Science of Radical Technology". *The Atlantic*, novembro de 2017. https://www.theatlantic.com/magazine/archive/2017/11/x-google-moonshot-factory/540648/.
3. Jeff Bezos, "Jeff Bezos at Startup School 08". Startupschool, 2008. https://youtu.be/6nKfFHuouzA.
4. Alison Flood, "Paulo Coelho Calls on Readers to Pirate Books." *The Guardian*, 1º de fevereiro de 2012. hottps://www.theguardian.com/books/2012/feb/01/paulo-coelho-readers-pirate-books.
5. Paulo Coelho se sente honrado pela "pirataria" de seus livros: https://www.facebook.com/paulocoelho/photos/a.241365541210.177295.11777366210/10153068240216211.
6. Pitbull, autor da letra de *Feel This Moment*, *Global Warming*, 4 de fevereiro de 2013. https://genius.com/Pitbull-feel-this-moment-lyrics.

Capítulo 13

1. De Jeffrey Lant, *How to Make a Whole Lot More Than $1,000,000 Writing, Commissioning, Publishing and Selling "How To" Information* (Cambridge, MA: Jeffrey Lant Associates, 1993).
2. Julian Treasure, curso online: "How to Speak so People Want to Listen". https://www.juliantreasure.com/5-part-video-series/rasa.
3. N. Ambady e R. Rosenthal, "Thin Slices of Expressive Behavior as Predictors of Interpersonal Consequences: A Meta-Analysis". Semantic Scholar, 1992. https://www.semanticscholar.org/paper/Thin-slices-of-expressive-behavior-as-predictors-of-Ambady-Rosenthal/df0c9ca7be20ee0b7c5436332c20dcf46b2109d7.

Capítulo 14

1. Oliver Burkeman, *Four Thousand Weeks: Time Management for Mortals* (Nova York: Farrar, Straus and Giroux, 2021).
2. Belle Communication, "Think BIG: Snoop's Solo Stove Campaign, Food and Bev Trends + Nostalgia in Marketing". Belle Communication, 19

de dezembro de 2023. https://www.linkedin.com/pulse/think-big-snoops-solo-stove-campaign-food-bev-trends-jrxbc.

3. Aqui está o link para o tuíte de Snoop Dogg no X (anteriormente Twitter): https://x.com/SnoopDogg/status/1725196796618817785.

4. Bart Schaneman, "How Solo Stove Landed the Snoop Collaboration". *The Daily*, 11 de dezembro de 2023. https://thedaily.outdoorretailer.com/news/brands-and-retailers/how-solo-stove-landed-the-snoop-collaboration/.

5. Tim Nudd, "The 40 Best Ads of 2023". *AdAge*, 7 de dezembro de 2023. https://adage.com/article/year-review/best-ads-commercials-creative-marketing-2023-year-review/2532851.

6. O blog original está off-line, mas foi arquivado e pode ser encontrado aqui: https://web.archive.org/web/20130401061737/http://championlifestyle.blogspot.com/.

7. Aqui está o link para o tuíte de Elon Musk no X (anteriormente Twitter): https://x.com/elonmusk/status/1546518224887496705.

Capítulo 15

1. A carta de Truman foi adquirida por Ryan Holiday e está exposta em seu escritório.

2. Australian Competition & Consumer Commission, "Federal Court Orders $6 Million Penalty for Nurofen Specific Pain Products". ACCC, 16 de dezembro de 2016. https://www.accc.gov.au/media-release/full-federal-court-orders-6-million-penalty-for-nurofen-specific-pain-products.

3. Drew Boyd, "A Creativity Lesson from Betty Crocker". *Psychology Today*, 19 de janeiro de 2014. https://www.psychologytoday.com/ca/blog/inside-the-box/201401/creativity-lesson-betty-crocker.

4. Robert Fritz, "Just Add an Egg". Robert Fritz, Inc., 1º de fevereiro de 2015. https://www.robertfritz.com/wp/just-add-an-egg/.

Epílogo

1. Bill Watterson, "Some Thoughts on the Real World by One Who Glimpsed It and Fled". Discurso de cerimônia de formatura, Kenyon College, 20 de maio de 1990. https://web.mit.edu/jmorzins/www/C-H-speech.html.

Fontes e referências sugeridas

BRUNSON, Russell. *Expert Secrets: The Underground Playbook for Converting Your Online Visitors into Lifelong Customers*. Carlsbad, CA: Hay House Inc., 2022.

BURKEMAN, Oliver. *Four Thousand Weeks: Time Management for Mortals*. Nova York: Picador Paper, 2023.

CARNEGIE, Dale. *How to Win Friends and Influence People*. Nova York: Pocket Books, 1998.

CIALDINI, Robert. *Influence: The Psychology of Persuasion (New and Expanded)*. Homebush West, NSW, Austrália: Generic Publications, 1905.

CLARKE, R. J.; MACRAE, R. (ed.). *Coffee Physiology*. Nova York: Springer Publishing, 1988.

CLEAR, James. *Atomic Habits: An Easy & Proven Way to Build Good Habits & Break Bad Ones*. Nova York: Avery Publishing, 2018.

DANDAPANI. *The Power of Unwavering Focus*. Nova York: Portfolio, 2022.

DIAZ, Hernan. *Trust*. Nova York: Penguin Publishing, 2023.

ECKO, Marc. *Unlabel: Selling You Without Selling Out*. Nova York: Atria Books, 2013.

FRANKLIN, Benjamin. *The Autobiography of Benjamin Franklin: The Original 1793 Edition*. Publicação independente, 2022.

GERBER, Michael. *The E-Myth Revisited: Why Most Small Businesses Don't Work and What to Do About It*. Nova York: HarperBusiness, 2004.

GHAFARI, Luay. *Seed to Table: A Seasonal Guide to Organically Growing, Cooking, and Preserving Food at Home*. Miami: Yellow Pear Press, 2023.

GLADWELL, Malcolm. *Blink: The Power of Thinking Without Thinking*. Nova York: Back Bay Books, 2007.

GOODMAN, Jonathan. *Viralnomics: How to Get People to Want to Talk About You*. Charleston, SC: CreateSpace Independent Publishing, 2015.

HARARI, Yuval Noah. *21 Lessons for the 21st Century*. Nova York: Random House, 2018.

HOGSHEAD, Sally. *How the World Sees You: Discover Your Highest Value Through the Science of Fascination*. Nova York: HarperBusiness, 2014.

KIRKPATRICK, David. *The Facebook Effect: The Inside Story of the Company That Is Connecting the World*. Nova York: Simon & Schuster, 2010.

LANT, Jeffrey. *How to Make a Whole Lot More Than $1,000,000 Writing, Commissioning, Publishing, and Selling "How To" Information*. Cambridge, MA: Jeffrey Lant Associates, 1993.

MARKS, Susan. *Finding Betty Crocker: The Secret of America's First Lady of Food*. Minneapolis: University of Minnesota Press, 2007.

MICHALOWICZ, Michael. *The Pumpkin Plan: A Simple Strategy to Grow a Remarkable Business in Any Field*. Nova York: Portfolio, 2012.

MILLARD, Candice. *The River of Doubt: Theodore Roosevelt's Darkest Journey*. Nova York: Anchor Books, 2006.

PARISER, Eli. *The Filter Bubble: How the New Personalized Web Is Changing What We Read and How We Think*. Nova York: Penguin Books, 2014.

RIES, Al; TROUT, Jack. *The 22 Immutable Laws of Marketing: Violate Them at Your Own Risk*. Nova York: HarperBusiness, 1994.

SCHWARTZ, Eugene. *Breakthrough Advertising*. Boone, IA: Bottom Line Books, 2004.

ZEVIN, Gabrielle. *The Storied Life of A. J. Fikry: A Novel*. Nova York: Algonquin Books, 2014.

ASSINE NOSSA NEWSLETTER E RECEBA INFORMAÇÕES DE TODOS OS LANÇAMENTOS

www.faroeditorial.com.br